●逐年修订●年年升级

全新畅销版

Let's Go

《亲历者》编辑部 编著

海南旅行

HAINAN TRAVEL

中国铁道出版社有限公司
CHINA RAILWAY PUBLISHING HOUSE CO., LTD.

图书在版编目（CIP）数据

海南旅行 Let's Go /《亲历者》编辑部编著 . — 2 版 . —北京：中国铁道出版社有限公司，2021.11
（亲历者）
ISBN 978-7-113-28214-1

Ⅰ . ①海… Ⅱ . ①亲… Ⅲ . ①旅游指南 – 海南 Ⅳ . ① K928.966

中国版本图书馆 CIP 数据核字（2021）第 150443 号

书　　名：海南旅行Let's Go
HAINAN LÜXING Let's Go
作　　者：《亲历者》编辑部

策划编辑：聂浩智
责任编辑：杨　旭　　编辑部电话：（010）63583183
封面设计：东至亿美
责任校对：孙　玫
责任印制：赵星辰

出版发行：中国铁道出版社有限公司（100054，北京市西城区右安门西街8号）
印　　刷：中煤（北京）印务有限公司
版　　次：2017年1月第1版　2021年11月第2版　2021年11月第1次印刷
开　　本：660 mm × 980 mm　1/16　印张：14　字数：350 千
书　　号：ISBN 978-7-113-28214-1
定　　价：59.80元

三亚海滩

前言

码/上有料

海南旅游官方微信

“请到天涯海角来，这里四季春常在”，这句耳熟能详的歌词唱的就是迷人的海南风光。对于许多人而言，海南是一个让他们魂牵梦萦的地方。这里有湛蓝的大海，浩瀚的碧波，漫天的落霞，金熠的沙滩，宜人的椰风海韵；这里有先锋时尚的游乐元素，豪华舒适的度假天地，原始清新的生态山水，古朴沧桑的历史风韵，独具特色的民族风情。

海南，简称琼，地处南海，隔琼州海峡与广东相望。海南省会为海口市。它是中国唯一的热带岛屿省，也是中国最受欢迎的热带滨海度假胜地之一。这里四季无冬，空气清新，水质纯净，堪称人间天堂。

海南旅游资源丰富，以古建筑、古寺庙、古街、古城为特征的人文景观和名胜古迹众多，有中国历史文化名街——海口骑楼老街，有清代琼州最高学府——琼台书院，还有被誉为“天南名胜”的东坡书院等景点。这里海滨风光迷人，天涯海角、大东海、蜈支洲岛、西岛、分界洲岛、东郊椰林、南湾猴岛等景点，让人向往。潜

水观光更是海南最具诱惑的海上休闲活动，好奇心和探索精神在这里都能得到满足。除了碧海蓝天的浪漫，还有热带雨林的惊喜。霸王岭国家森林公园、尖峰岭国家森林公园、黎母山、五指山、呀诺达雨林等，生长着无数奇花异果，栖息着各种热带珍稀动物，是人们进行雨林探险、森林徒步、漂流的好去处。此外，海南各地还有不同类型的温泉、各种各样的高尔夫球场，既可以在温泉中享受惬意的一天，也可以在球场上畅快淋漓地挥洒一天。

新增实用二维码

现在的移动互联网技术发展很快，本书添加了大量包含实用信息的二维码，只要打开手机客户端“扫一扫”，就能轻松了解旅行详细信息。

简单明了的思维导图

详细的文字不好抓取重点信息？没关系，侧栏的思维导图已将主要内容提取出来，让你快速掌握关键信息，一目了然。

亲身体验的旅友分享

本书挑选了一些景点，在其后面增添亲历者体验和了解历史掌故版块，以便读者更好地了解景点最佳旅游时间、景点的民俗风情和历史文化等信息。

目录

导读：360° 看海南 001~027

第1章 海口旅游圈 028~059

第2章 三亚旅游圈 060~099

062 三亚东部景点

084 三亚西部景点

导读

360° 看海南

人文速览

读多彩海南

海南的前情往事

西汉元封元年（前110），海南置于汉王朝管辖，置珠崖、儋耳两郡，当时海南正处于原始社会父系公社时期。

从西汉至南北朝，由广东、福建等地不断迁入的移民推动了海南东北沿海地区的开发。南朝时航船已达西沙群岛。由隋至唐逐渐由北部向南部、西南部外围扩展，环岛开发基本完成。汉族有“二熟之稻、八收之蚕”的生产水平，但黎族地区仍处于刀耕火种阶段。

宋、元两代是海南开发的兴盛时期。为避北方战乱，大批大陆移民进入海南，南宋时约10万人，至元朝达17万人。宋代海南与广州、泉州、福州船只来往频繁，中国水师曾巡视西沙群岛。

元代以军事屯田形式强制移民。从明代起，海南岛由广西划归广东管辖，兴修水利，土地开垦规模扩大。水稻普遍一年二熟。渔盐业、冶炼业、手工业、商贸业等均有发展。

清代海南兴起制糖业，锡矿、铜矿亦有开采，商业日趋活跃，与日本、新加坡、暹罗等均有贸易往来。清初海南编有《更路簿》，是渔民到南海诸岛的航海指南。

1819年英国侵占新加坡后，需要大量劳工，海南去新加坡移民人数较多。1876年（光绪二年）海口设置琼海关。1891年起香港与海防之间有定期汽轮航行，海口

海南往事知多少

- 西汉，海南置于汉王朝管辖
- 从西汉至唐朝，不断迁入的移民逐渐完成对全岛的开发
- 宋元时期，大批移民进入海南，为海南开发的兴盛时期
- 明代，海南岛兴修水利，土地开垦规模扩大
- 清代，海南兴起制糖业，商业日趋活跃，与周边国家均有贸易往来
- 当代，海南是我国最大的经济特区

成为停船港口。

民国初年改为广东琼崖道，后废道划为特别行政区。1939年初，日本侵占海南岛，大肆掠夺石碌、田独等铁矿和海南林木资源。1945年日本投降。

1950年设立海南行政区公署，为广东省人民政府派出机关。1984年海南行政区人民政府正式成立。1988年4月13日设立海南省。

2012年国务院批准撤销西沙群岛、中沙群岛、南沙群岛办事处，设立三沙市（地级）。

传统文化知多少

海南独特的地理环境和悠久历史赋予了这里独一无二的文化，阳光沙滩、休闲度假、黎苗风情、古代贬官等都是海南特有的文化符号。优质的海洋资源造就了驰名中外的旅游名片；海南的本地民在这片土地上虔诚地守护着先辈的风俗文化；丰富的温泉资源又是海南旅游的另一特色；贬官文化在此发扬光大，并遗存众多名胜古迹。

度假胜地

海南岛是一个热带岛屿，其四周环海，风光旖旎，阳光、海水、沙滩、绿色、空气五大度假旅游要素俱全，是著名的度假胜地，每年吸引大量游客前来度假。

在大江南北银装素裹的时候，忙碌了一年的人们纷纷将春节的休假选在了海南。在这里，你可以光着脚漫步海滩，感受南海吹来的温暖海风；你也可以在海水中嬉戏游泳，与海浪进行一次次的亲密接触；如果不想动的话，那就在海滩的木椅上闭目养神，享受阳光洒满全身的惬意。

海南的度假村一般都建在距离景点非常近的地方，这里的度假村设施一应俱全，如网球场、桌球、冲浪按摩池、乒乓球场、露天舞台、各类温泉泳池等。风格不同的各式度假

村，为海南创建国际旅游岛打下了坚实的基础。

黎族风情

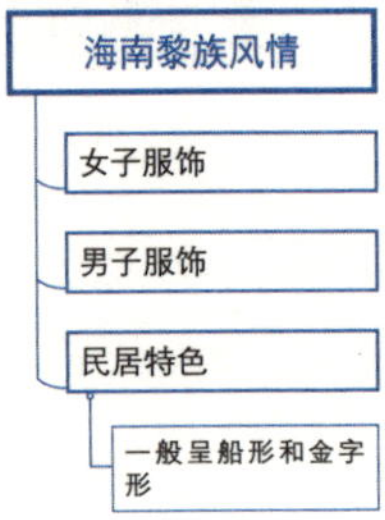

海南黎族风情
- 女子服饰
- 男子服饰
- 民居特色
  - 一般呈船形和金字形

黎族是中国的少数民族，主要分布在海南省中南部。“黎”这一专有族称始于唐末，到宋代固定下来。经过漫长的历史发展，逐步形成了黎族独特的风俗习惯。

黎族妇女一般束髻于脑后，插以发簪，披绣花头巾，穿对襟开胸无扣上衣、无褶织绣花纹筒裙，尚青色，盛装时戴项圈、手镯、脚环、耳环等。男子上衣无领对襟，下穿前后两幅布的“吊襜”。衣服均以棉、麻为料，自纺自织自染自缝。他们以大米、番薯、玉米为主食，喜食以糯米和水装进竹筒，放在火堆里烧熟的“竹筒饭”。

黎族人的传统住屋多为金字形茅屋，偏僻山区有船形屋。现在大多数农户已改为砖瓦房。儿女成年后即住寮房。寮房为不设灶的房屋，供青年男女谈情说爱，可住宿，称放寮。

温泉文化

海南温泉文化
- 海南地热资源丰富
- 海南岛温泉高密度居全国首位
- 三亚、琼海等是温泉主要分布区域
  - 兴隆温泉度假区
  - 南田温泉度假区
- 温泉是泉水的一种，是从地下自然涌出。并含有对人体健康有益的微量元素。

海南岛地处环太平洋地震带，地质构造复杂，地热活动十分活跃，这里不仅有充沛的海洋资源，还有十分丰富的地热资源，这为温泉产业的开发利用创造了条件。

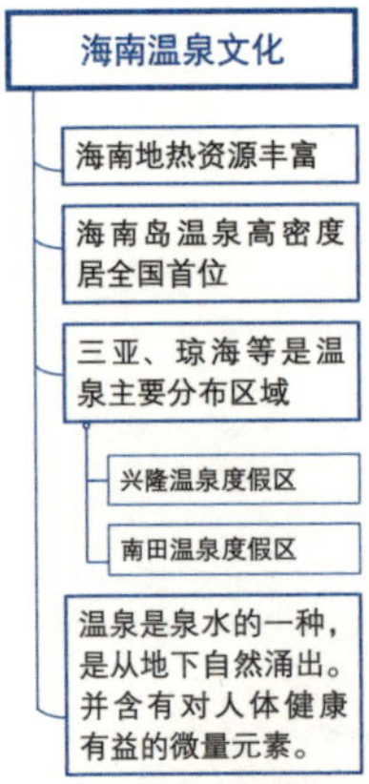

海南岛已发现有几十处天然温泉，平均每1000平方千米就有1处温泉，密度之高居全国之首。在这些温泉当中有低温热矿泉（32℃~40℃），有中温热矿泉（40℃~60℃），有中高温热矿泉（60℃~80℃），还有高温热矿泉（80℃~100℃）。它们多数属于氟硅型热矿泉水，还含有诸如溴、碘、锶、氡和硫化氢等微量元素和化合物。

海南温泉资源得天独厚，它们或依着山，或傍着海，或“长”在河边，或冒在田里，其分布总与大自然浑然一体、相映成趣。三亚附近的南田温泉度假区和琼海附近的兴隆温泉度假区等都是放松身心的好去处。

贬官文化

在海南文明历史的演进中，唐宋上承两伏波所开、冼夫人所定的江山基础，下启明清琼州人文日新、粲然大备的瀛海胜景，可谓海南文化的播种期、培育期。而其主要的播种者、培育者便是那些万里投荒的谪官们。贬官文化也因此成了海南文化的重要组成部分。而海口五公祠则是贬官文化的集中展览馆。“古今多少事，雅聚一祠中。”

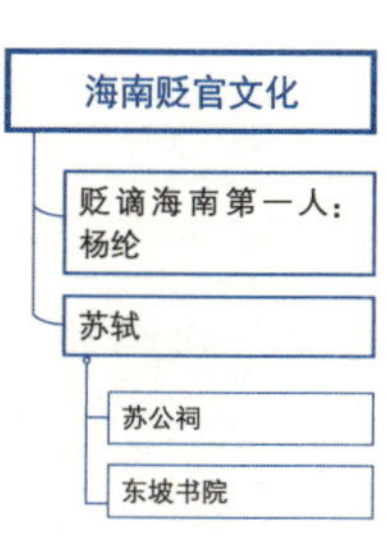

如今天史籍所见，贬谪海南的第一人乃是隋宗室滕穆王杨纶。在所有被贬人士中，对海南的历史进程、风俗习惯影响最大、最有成就的无疑首推苏轼。今天在海南有与五公祠相连的苏公祠和儋州的东坡书院两处纪念苏轼的胜地。

海南，曾被人们误认为南荒之岛，一直孤悬于外，不被外界所重视。但她以其博大的胸怀接纳着来自四方的宾朋，不论是失势的政客还是落魄的文人，甚至是贩夫走卒。海南淳朴的民风，以及大自然的洗涤，使他们的心胸变得如大海般宽广。他们在感慨命运多舛的同时，也为海南带来了当时先进的思想理念和生产生活方式，并在海南这块肥沃的土地上播下了文化的种子。

灵动的艺术

海南的海洋文化造就了人杰地灵的地域气质，赋予了这里浓郁的文化气息，各类文化形式在电影、图书出版、歌舞、绘画等艺术领域精彩纷呈。

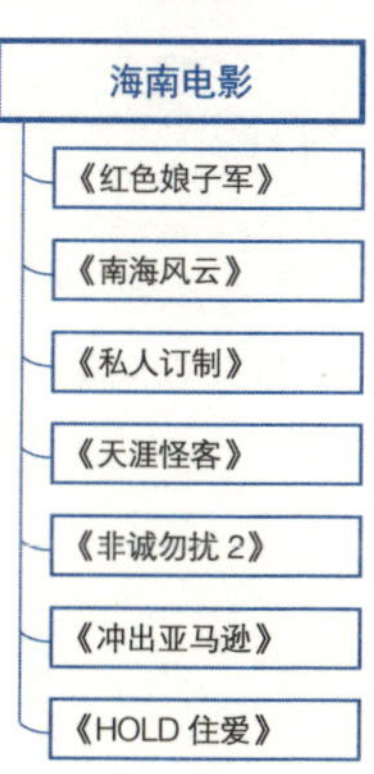

电影

早在20世纪50年代开始，就有不少在海南拍摄的影视剧红遍全国，如《红色娘子军》《南海风云》《天涯怪客》等。随着海南旅游业及国内电影市场的发展，越来越多的影视剧组来海南取景，如《私人订制》，在海口骑楼老街、蜈支洲岛、海棠湾等地都有取景；《非诚勿扰2》在亚龙湾人间天堂鸟巢度假村、亚龙湾热带天堂森林公园、石梅湾等地取景；此外还是《冲出亚马逊》《HOLD住爱》等剧的拍摄地。

图书

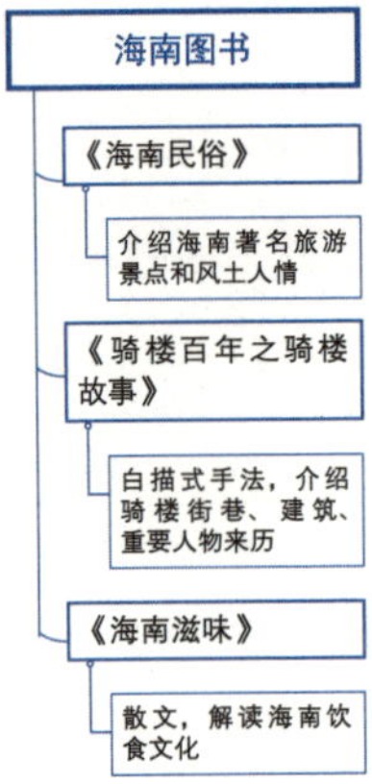

海南有太多的名胜古迹为古代文人墨客所吟诵，当代作家也以他们独特的视角让海南在他们的笔下为更多人所了解。由邢植朝、詹贤武主编的《海南民俗》一书，对海南的著名旅游景点和风土人情进行了详细的介绍。由赵爱华等主编的《骑楼百年之骑楼故事》，采用白描式的叙述方式，细数海口骑楼街区每一条街巷，每一座重要建筑和每一个重要人物的来历，把历史上发生在这里的故事娓娓道来，让人读起来格外亲切。由赵金玲主编的《海南滋味》，以散文的笔法，发掘海南饮食文化的根脉，解读海南饮食文化的变迁。

- 海南图书
  - 《海南民俗》
    - 介绍海南著名旅游景点和风土人情
  - 《骑楼百年之骑楼故事》
    - 白描式手法，介绍骑楼街巷、建筑、重要人物来历
  - 《海南滋味》
    - 散文，解读海南饮食文化

歌舞

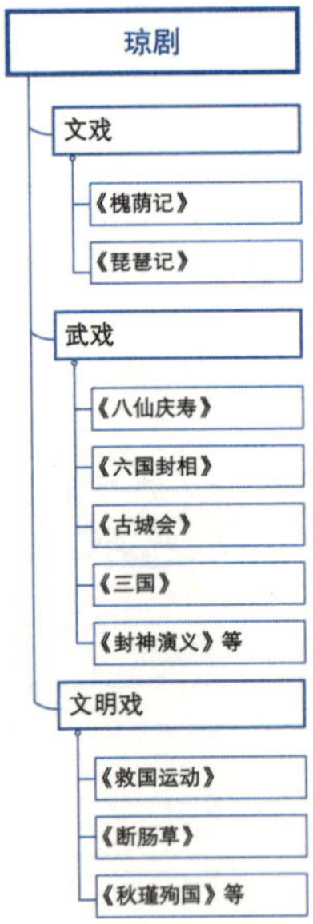

琼剧又称琼州剧、海南戏，是中国海南省的汉族民间戏曲艺术。琼剧是南方戏剧的其中一个支系，主要以海南话为戏曲语言。琼剧的艺术遗产丰富，它的传统剧目分三部分：一是文戏（以唱功为主），源于弋阳腔，杂以四平、青阳二腔，属曲牌体制，滚唱发达，带帮腔，如《槐荫记》《琵琶记》等八百多出；二是武戏（以做功、武打为主），剧目有《八仙庆寿》《六国封相》《古城会》《单刀会》《三国》《水浒》《薛家传》《杨家将》《封神演义》等历史、神话小说戏四百多出；三是文明戏，又称时装旗袍戏，剧目有《救国运动》《省港大罢工》《空谷兰》《断肠草》《秋瑾殉国》《啼笑因缘》等一百三十多出。此外，这里还出现了一批久演不衰的优秀剧目，如《红叶题诗》《张文秀》《搜书院》《狗衔金钗》等。这些剧目，故事动人，唱词通俗易懂，又富有哲理。

- 琼剧
  - 文戏
    - 《槐荫记》
    - 《琵琶记》
  - 武戏
    - 《八仙庆寿》
    - 《六国封相》
    - 《古城会》
    - 《三国》
    - 《封神演义》等
  - 文明戏
    - 《救国运动》
    - 《断肠草》
    - 《秋瑾殉国》等

绘画

海南美术迅速成长，逐渐走向成熟的时期是20世纪60年代。海南美术艺术经过各路人才的交会后，终于迎来了“柳暗花明又一村”。文联机构成立，美术创作活动蓬勃开展，学术气氛空前高涨，一批批美术界骨干人才相继崭露头角。不同规格、类型的画展不但丰富了海南的文化生活，还以此掀起广大美术工作者的热情。活泼自由的学术氛围给海南带来一股活力，成为那个时代的一种骄傲。如今新人辈出，年轻的美术家逐渐成熟，成为海南未来美术界的希望，海南美术也逐渐形成其特有的风格和画派。

海南画派是21世纪初期在海南地区形成，刻画了海南风土人情，突显出热带原始美、野性美、闲适美等多种美感。

独特的民俗节日

海南丰富的民间文化，衍生了许多独特的民间节庆活动，既有传承先辈的传统节日，又有新生的旅游文化节庆活动。其中，最为著名的属黎族、苗族传统节日农历“三月三”及11月下旬举办的遍布全省的海南岛欢乐节。

海南欢乐节：每年11月中、下旬，以三亚、海口、琼海、五指山为中心全岛都会举办大型的“海南欢乐节”。每年设置不同的主办方，设主、分会场及盛大的

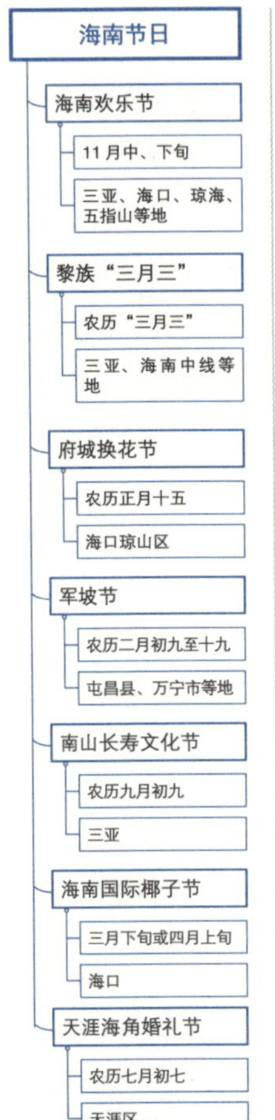

开、闭幕式，热闹非凡，有展览、欢乐巡游、狂欢之夜等。

黎族“三月三”：农历“三月三”是黎族青年男女追求爱情和幸福的传统佳节。三亚、海南中线等地的黎族、苗族都有欢度“三月三”的习俗。以三亚最为热闹，而海南中线一带最具原始特色。

府城换花节（农历正月十五）：换花节是原琼山市特有的民间节日，始于唐代贞观元年（627年），至今已有1000多年的历史。以前换的是香，而不是花，意在香火不绝，如今传统的换香变成了换花，其活动的形式、规模、范围、区域也逐年扩大，形成了凝聚着友谊、美好、幸福、欢快为一体的新的娱乐。

军坡节（农历二月初九至十九）：闹军坡是海南人特有的，已相传1300多年。军坡分“公期”和“婆期”，主要是祭祀祖先和历史人物的民俗活动。军坡节时，村中都要祭祀，供奉公祖、婆祖，舞狮舞灯队到各家中去拜祭，敲锣打鼓。还会有婆祖巡游、道士跳神舞、装神穿腮等活动，届时热闹非凡。

南山长寿文化节（农历九月初九）：三亚是我国著名的长寿之乡，自1999年农历九月初九国际老人节以来，每年都

会举办以“尊老爱老、健康养生”等为主题的中国南山长寿文化节，开展长寿老人展、长寿养生论坛、老年人联欢会等一系列活动。

海南国际椰子节：海南岛又称椰岛，椰子树是海南的象征。每年3月下旬或4月上旬，海口均要举办海南国际椰子节，它是国际性的大型商业旅游文化节庆，融旅游、文化、民俗、体育、经贸于一体，以海南椰文化和黎、苗“三月三”民俗为主要特色。

天涯海角婚礼节（农历七月初七）：节日期间会举行天涯海角婚礼，来自全国各地的恋人们将在此举行隆重的结婚典礼，彼此山盟海誓，为天涯海角这个有着古老传说的地方又增添了一份美丽的色彩。

语言和礼节

海南话属汉藏语系汉语闽南方言，分布于海南省大部分地区及海外琼籍华人地区，全球使用人口约1000万。海南全省有600多万人使用，约占全省总人口的80%，是海南省使用范围最广泛、使用人口最多的方言，主要分布在海口、文昌、琼海、万宁、定安、屯昌、澄迈等市县和陵水、乐东、东方、昌江、三亚、琼中、五指山等市县的大部分地区。海南话在不同地区，语音和声调存在细微差别，但不妨碍交流。文昌地区口音为海南话标准传媒，琼剧的标准唱腔，是海南话传统汉语的继承者之一，至今仍然保存着传统汉语的许多鲜明的特征。

海南省是中国南方人口较稀的省份。有汉族、黎族、苗族、回族、壮族等多个民族，其中黎族主要分布在中部山地及其以南；苗族多居高山大岭中；回族聚居于滨海平原；壮族主要分布在海南岛北部。提醒游客，海南地区的少数民族同胞有自己的民族礼节，旅游时要尊重当地的民俗文化，入乡随俗。

闽南方言
- 汉藏语系
- 使用该语言约占全省人口的80%
- 文昌地区的口音为海南话标准口音

自然概貌

看魅力海南

我国南部的“蓝色宝库”

海南岛四周低平，中间高耸，以五指山、鹦哥岭为隆起核心，向外围逐级下降。山地、丘陵、平原构成环形层状地貌，梯级结构明显。

海南省位于中国最南部，北隔琼州海峡与广东省雷州半岛相望，西临北部湾，东南濒临太平洋。海南省包括海南岛和西沙群岛、中沙群岛、南沙群岛等岛礁及其海域。全省陆地（包括海南岛和西沙、中沙、南沙群岛）总面积约3.54万平方千米，海域面积约200万平方千米。

海南岛中间高，四周低，形似雪梨。山地、丘陵、台地、阶地、平原、滩涂呈环形层状分布，梯形结构明显。中间为五指山、黎母岭，沿海台地、平原占全岛面积的三分之二。河流多发源于中部，有南渡江、昌化江、万泉河等，湖泊较少。东南方的西沙、中沙、南沙群岛由珊瑚岛、滩、礁、暗沙组成，其中以永兴岛面积最大。

天然大温室

海南是我国最具热带海洋气候特色的地方，全年暖热，雨量充沛，干湿季节明显，常年风较大，热带风暴和台风频繁，气候资源多样。日照时数按地区分，西部沿海最多，中部山区最少；按季节分，依夏、春、秋、冬顺序，从多到少。各地年气温在23℃~25℃之间，中部山区较低，西南部较高。全年没有冬季，1~2月为最冷，温度16℃~24℃，平均极端低温大部分在5℃以上。夏季从

3月中旬至11月上旬，7~8月为平均温度最高月份，在25℃~29℃。西、南、中沙群岛属于热带海洋气候，长夏无冬，全年平均气温26.5℃。海南岛大部分地区降雨充沛，全岛年平均降雨量在 1600毫米以上。东湿西干明显，多雨中心在中部偏东的山区，西部为少雨区。降雨季节分配不均匀，冬春干旱，旱季自11月至翌年4月，长达6个月。夏秋雨量多，5~10月是雨季，雨季总降雨量1500毫米左右，占全年降雨量的70%~90% ，雨源有锋面雨、热雷雨和台风雨等。海南岛全年湿度大，中部和东部沿海为湿润区，西南部沿海为半干燥区，其他地区为半湿润区。

海南岛长夏无冬，入春早、升温快、全年无霜冻、冬季也很温暖，岛上的气温在 23℃ ~25℃之间。

迷人的人文与自然环境

海南拥有广阔的海洋、洁白柔软的沙滩及大片原始热带雨林，在雨林的五指山和黎母山一带是黎苗居民的家园，他们住在船形屋中，保留着最原始的习俗。

在祖国浩渺的南海上，浮着一个风光旖旎的热带岛屿，那里有辽阔广袤的天空、澄清透明的海域、平坦柔软的沙滩、树影婆娑的椰林，它就是有着长达1580多千米海岸线的海南岛。

海南岛是我国第二大岛，早在2000多年前，西汉王朝就在这里设置了郡县，除本岛和周围岛屿外，海南省还下辖了西沙、中沙、南沙三大群岛。海南省生活着黎族、苗族、壮族、回族等多个少数民族，各少数民族至今保留着许多质朴习俗和生活习惯，使海南岛的社会风貌显得多姿多彩。

今天，海南已经成为一个著名的旅游胜地，环岛而行，岛上美景无数。天涯海角的美丽海滨；几万年前的火山口遗迹；1000年前传承至今的古盐田；原始的黎族村寨；五指山原始森林的生态氧吧；万泉河上的激情漂流；海边工业化的风车群；公路两边绵延无尽的果园；热带水果珍奇植物和神奇的海底世界。当你在浪漫的椰风海韵中品尝着美味的海鲜，这里无疑就是人间的天堂。

游玩亮点

海南 TOP 榜

TOP 10

海南 10 大度假胜地

Top1 亚龙湾

亚龙湾是海南最南端的一个半月形海湾，绵延千米的海滩平缓宽阔，三面有青山环抱，气候温和，风景如画，被誉为“天下第一湾”。这里有蔚蓝的天空、明媚的阳光、清新的空气、清澈的海水、洁白的沙滩。

Top2 蜈支洲岛

蜈支洲岛全岛呈不规则蝴蝶状，是个袖珍小岛。岛上东、南、西三面漫山叠翠，多种原生植物郁郁葱葱；临海山石嶙峋陡峭，直入海底；四周海域清澈透明，海水能见度 6~27 米，是著名的潜水胜地。

Top3 兴隆温泉旅游度假区

度假区坐落于风光旖旎的兴隆镇，景区内布满亭台楼阁，绿树成荫，百花争艳。最负盛名的要数这里的温泉了。泉眼有十几处，四季保持四季 60℃左右。身处其中，所有的疲惫都将烟消云散。

Top4 博鳌水城旅游区

博鳌水城旅游区因博鳌亚洲论坛而闻名，融江、河、湖、海、温泉、山麓、岛屿于一体。这里水中有岛，岛中有水，名胜古迹集于一地，是处理想的度假胜地。

Top5 大东海旅游区

大东海旅游区是个长约 2 千米的月牙形海湾。它背靠青山，东南平行走向的两条小小的山脉，恰似两道巨岩筑成的屏障环抱着海湾。它是三亚最早被开发和最具规模的热带海滨度假区，素有“福如东海”的美誉。是进行潜海观光、海水浴和阳光浴的理想之地。

Top6 分界洲岛

分界洲岛是来海南岛旅游的必选之地，这里天空蔚蓝如洗，海水幽蓝波碧，海湾细沙如银，椰树摇曳婆娑。岛上有暗礁潜水、沉船潜水、海上摩托艇、海上拖伞等独具特色的海上娱乐项目。

Top7 西岛

西岛是西玳瑁洲的简称，是三亚近海最大的海岛，这里风景秀丽，空气清新，沙滩柔和，海水清澈见底。这里集聚了多种多样的海上休闲运动，是三亚海岛潜水的精华之地。西岛是一个充满热带风情、刺激而悠闲的度假天地。

Top8 南田温泉度假区

南田温泉是集温泉养生、休闲度假、商务会议为一体的五星级度假区。这里有椰林别墅和宽敞的豪华客房、中西餐厅和绿色茶吧，SPA 美疗及康乐设施也是一应齐全。这里还有形态、功能各异的温泉池共计 67 个，分布在天然椰林中，一池一景。

Top9 三亚湾度假区

三亚湾位于三亚风景群的核心，银色海滩伴着蔚蓝海岸伸展，与三亚城区完美相融。作为风情海湾，这里沙滩平缓，海面开阔，湛蓝天宇映衬着碧波万顷，景象万千。三亚湾海岸绵延约 22 千米，湾长沙细，岸上绿树如带，构成三亚美丽动人的风景线。

Top10 东郊椰林

“文昌椰子半海南，东郊椰子半文昌”这句俗谚形象地道明了东郊椰林的广袤。这里共有约 50 万株椰树。椰林面向着美丽的大海，这里海湾瑰美，风平浪静，银沙柔软，是旅游度假的胜地。轻执爱人手，朝看碧海霞云起，轻舟泛海去；夕观金涛粼光跃，归帆破浪来。

TOP 8
海南 8 大青山秀水

Top1 五指山

五指山是海南第一高山，是海南岛的象征，也是我国名山之一。山中林木苍翠、白云缭绕、直插云间、景色绚丽、变换万千。景区保存了完整的热带雨林景观，悠长的水满河贯穿其中。

Top2 石山火山群

石山火山群堪称是世界上保存最完整典型的火山群地质遗迹，这里火山类型齐全，分布有 40 座各种类型的火山和 30 余条熔岩隧洞，犹如一座规模巨大的天然火山地质博物馆。

Top3 呀诺达热带雨林

呀诺达热带雨林景区集热带雨林、峡谷奇观、黎侗风情、热带瓜果、南药、温泉多种旅游资源于一身。景区由经石峡谷、雨林谷、湿地区等景点构成。

Top4 南山文化旅游区

南山是海南岛最南端的山，历来被称为吉祥福泽之地，中国传扬千古的名句“福如东海，寿比南山”道出了南山与福寿文化的悠久渊源。南山文化旅游区主要建筑有不二法门、长寿谷、南山寺、海上观音、素斋购物一条街等。

Top5 黎母山国家森林公园

黎母山山势雄伟挺拔，林海莽莽，云飘雾绕，气象万千。作为典型的热带山地森林景区，公园内散布有形态各异和寓意奇特的山、石、水、林、洞自然景观 30 多个。

Top6 吊罗山

吊罗山是海南省东部规模最人的森林公园，是我国珍稀的原始热带雨林区之一。区内湖光山色、峰峦叠嶂、飞瀑溪潭、巨树古木、岩洞怪石充分展示出自己不可替代的鲜明特色。

Top7 东山岭风景区

东山岭由三座山峰相依而成，自然风光秀丽，人文景观奇特。山上泉丰林秀，怪石嶙峋，异洞幽深，著名的“东山八景”更是驰名中外。明代万州牧曾光祖题写了“海南第一山”几个大字，由工匠镌刻在东山岭上。至此这一名号成为东山岭的代名词。

Top8 铜鼓岭

铜鼓岭位于海南的最东角，三面环海，绵亘 20 多千米。景区包括热带季雨矮林保护区、海蚀地貌集中分布区和海域珊瑚礁资源集中分布区。

TOP 8

海南 8 大最美古城镇

Top1 天涯海角

从古至今，关于“天涯海角”有太多的诗词和故事。慢慢地，这里成了爱情的象征，寓意再遥远的地方我都会陪伴着你，到天涯、到海角，因而成为三亚的标志性景观之一。这里碧水蓝天一色，烟波浩渺，帆影点点，椰林婆娑，奇石林立，那刻有“天涯”“海角”“南天一柱”“海南南天”等巨石雄峙海滨，使整个景区如诗如画，美不胜收。

Top2 大小洞天

大小洞天是中国最南端的道家文化旅游胜地，自古因奇特秀丽的海景、山景、石景与洞景被誉为“琼崖八百年第一山水名胜”。大小洞天依托得天独厚的生态资源、天工造就的山海形胜和深厚的历史文化底蕴，这里是融滨海风光、科普教育、民俗风情、滨海休闲于一体的国际化旅游风景区。

Top3 南湾猴岛

南湾猴岛其实是个陆连岛，三面环水，岛上大小岩洞无数，怪石嶙峋，灌木丛生，树木成荫，四季花果飘香。该岛是我国唯一的岛屿型猕猴自然保护区，是猕猴生息繁衍的理想乐园，这里生活着许多只活泼可爱的猕猴。

Top4 鹿回头山顶公园

鹿回头山顶公园三面环海，一面毗邻三亚市区，是以“情爱文化”为主题的公园，素有“南海情山”的美誉。鹿回头雕塑是其中的标志性景点，象征着爱情的动人和甜美。这里还是登高望海和观看日出日落的好去处，在山顶可以俯瞰市区全貌。

Top5 崖州古城

三亚古称崖州。早在宋朝时期便创建，后经元、明、清三个朝代的扩建，逐渐成为海南规模最大的一座坚固的城池。古城现保存着南门、北门西侧约50米高的城墙和西北处长约200米，宽约30米的护城河及护城河中的一座砖拱桥等，城内遗迹十分丰富。

Top6 凤凰岛

凤凰岛原来是亚龙湾中的一片天然礁盘，凤凰岛便是在此基础上围海吹填而成的人工岛。岛屿依势而建，“水中有岛，岛中有水，水中复有岛，岛中复有水”，是一座独特的岛屿。这里三面依托山景，四面临海，仅有一座跨海观光大桥与陆地相连。

Top7 东坡书院

东坡书院是北宋大文学家苏轼贬谪海南时居住和讲学的地方，是海南重要的人文胜迹之一。书院原名载酒堂，后经重修、增建，至明代将其整体改为现名。书院主要建筑有载酒亭、载酒堂、奥堂龛等。书院大殿和两侧耳房展览着许多苏东坡的书稿墨迹文物、史料和著名的《坡仙翌殿图》。

Top8 海口骑楼老街

骑楼老街作为海口历史的印记，浓缩了海口百年城市的发展。它曾集中了海口的多个老字号，几乎每一扇骑楼大门的后面都隐含着或多或少的南洋故事。从老街出发，去寻找这座城市的记忆。骑楼老街区主要包括中山路、解放东路、得胜沙路中段、博爱路及新华北路五条老街。其中中山路沿街两旁保留的骑楼样式最多，约有 39 座。

经典游线

海南 3 种玩法

海南
休闲度假 6 日游

Day1 假日海滩→五公祠→骑楼老街

早上乘车前往海口著名的假日海滩，这里阳光、海水、沙滩、椰树相映成趣。午餐后前往五公祠，它是为纪念唐宋两代被贬谪来海南的五位历史名臣而修建。然后乘车前往海口老城区，游览富有海口特色的、历史悠久的骑楼老街。

Day2 东寨港红树林→文昌孔庙→东郊椰林

早餐后去东寨港观赏具有“胎生”现象的红树林。午餐后前往文昌孔庙，参观大成殿等建筑。接着乘车前往东郊椰林，观赏郁郁葱葱的椰林。

Day3 博鳌水城→兴隆温泉度假区

早餐后前往博鳌水城，游览洁白美丽的玉带滩和博鳌亚洲论坛永久会址。下午前往兴隆温泉度假区放轻松泡个温泉。晚上住在温泉度假村，可观赏特色的东南亚风情表演。

Day4 亚龙湾→鹿回头公园→西岛

早餐后前往亚龙湾，这里海水清澈、沙滩细软，是有名的度假胜地。然后前往鹿回头公园，这是一个以爱情为主题的公园。午餐后前往潜水胜地西岛，尽情享受潜水带来的刺激。晚上住在西岛。

Day5 天涯海角→南山文化旅游区

早餐后前往椰林婆娑、奇石林立的天涯海角景区，观赏“天涯石”“海角石”等景点。午餐后前往佛教文化旅游圣地——南山，参观 108 米高的南海观世音像。晚上住在南山旅游区内。

Day6 槟榔谷→五指山

早餐后前往槟榔谷，感受原汁原味的少数民族风情。午餐后前往海南第一高山——五指山，游览茂密的热带雨林，感受峡谷漂流的刺激。晚上住在五指山度假山寨。

海南
经典景区 4 日游

Day1 石山火山→五公祠→骑楼老街

早餐后前往石山火山群地质公园，参观各种各样的火山和当地人用火山石建造的民居。午餐后可游览五公祠。晚上住在海口，可去骑楼老街欣赏充满历史厚重感的骑楼建筑。

Day2 博鳌水城→南湾猴岛

早餐后前往博鳌水城，游览奇特美丽的玉带滩和博鳌亚洲论坛永久会址。午餐后前往我国唯一的岛屿型猕猴自然保护区——南湾猴岛，欣赏猴子精彩的表演。晚上住在岛上或陵水县城。

Day3 亚龙湾→天涯海角→鹿回头公园

早餐后前往号称“天下第一湾”的亚龙湾，海水温暖、阳光明媚，适合游泳和开展各种海上运动。午餐后乘车前往天涯海角，观赏有名的“天涯石”和“海角石”，然后前往鹿回头公园，参观著名的鹿回头雕塑，俯瞰整个三亚市景。

Day4 南山文化旅游区→大小洞天

早餐后乘车前往南山文化旅游区，参观南山寺、长寿谷及享有盛名的 108 米高的南海观音圣像。午餐后前往中国最南端的道家文化旅游胜地一大小洞天景区，参观历史悠久的神仙洞府——大小洞天。

海南

环岛自驾 8 日游

Day1 亚龙湾→南田温泉→七仙岭国家森林公园

从三亚市区沿 G224 骑行至田独镇，距离田独镇不远的便是亚龙湾。从田独镇沿着 G223 继续前行至藤桥镇，可在那里泡泡南田温泉。抵达陵水后，沿着 S305 西行到达保亭黎族苗族自治县，可参观离县城不远的七仙岭国家森林公园，感受热带雨林带来的震撼。

Day2 黎族、苗族风情村→太平山瀑布→百花岭瀑布→兴隆温泉度假区

从保亭黎族苗族自治县城出发，沿 G224 途经毛岸镇，在此可以去当地的苗村村寨做客，然后抵达五指山市，参观充满民族风情的黎族、苗族风情村和壮美的太平山瀑布。沿 G224 北行便来到了琼中黎族苗族自治县，可去游览海南落差最大的瀑布——百花岭瀑布。然后沿 S304 东行至兴隆，抵达后可去兴隆温泉度假区感受温泉带来的惬意。

Day3 东山岭→红色娘子军纪念园→文昌孔庙→东郊椰林

从兴隆沿 G223 北行至万宁市，抵达万宁市后可参观以石景闻名的东山岭风景区，继续北行抵达琼海市，沿路经过红色娘子军塑像。沿 S201 到达文昌市，此处可游览尊奉孔子的文昌孔庙和郁郁葱葱的东郊椰林。

Day4 南丽湖→海滨大道→海口世纪大桥→五公祠

从文昌沿 S205—S302—S214 抵达定安县，沿途经过风光旖旎的南丽湖景区。从定安沿东线高速公路抵达海口，可参观著名的滨海大道景观、海口世纪大桥和历史悠久的五公祠。

Day5 万绿园→石山火山群

从海口绕城公路路口右转进入西线高速路，沿途经过富有热带生态特色的万绿园和保存最完整火山历史遗迹的石山地质公园，经由美台立交进入临高县。然后沿 S305 进入澄迈县。当晚住在澄迈。

Day6 木色旅游区→云月湖→海南热带植物园

从澄迈县城出发，沿 S303 南行进入屯昌县，一路向南路过枫木镇，这里有个木色旅游区值得一看。继续前往儋州市，这里有著名的度假胜地云月湖景区和集聚了多种类热带植物的海南热带植物园。

Day7 天涯海角→西岛

沿 S314 进入乐东黎族自治县，稍作休息后，一路南行至三亚市天涯镇，参观天涯海角风景区，这里风光秀丽、奇石林立。继续东行至凤凰镇参观潜水胜地西岛。

Day8 椰梦长廊→鹿回头公园→大东海

从海月广场出发沿三亚湾路向东骑行经过椰梦长廊，这里椰树郁郁葱葱，一边是深蓝的大海，一边是豪华酒店林立的度假区。然后南行参观以情爱文化为主题的鹿回头公园。沿鹿岭路东行进入大东海，这里海水温和，阳光明媚。

第1章

海口旅游圈

海口位于海南岛东北部，历史悠久。这里拥有丰富的热带资源，尤其以自然海滨风光闻名遐迩。海口境内有古墓、古寺、百年老街等众多文物古迹，还有独具热带滨海特色和生态风景的万绿园，有熔岩景观千奇百怪的中国雷琼海口火山群世界地质公园，有中国历史文化名街——海口骑楼老街，还有清代琼州最高学府——琼台书院等，其旅游资源十分丰富。海口以迷人的热带风光、独具魅力的滨海特色吸引着世人的目光，是旅游度假的理想之地。

海口城区景点

1 海口骑楼老街

欧亚风格建筑群

游玩推荐：骑楼、洋派装饰

海口骑楼老街，是海口市一处最具特色的街道景观。老街以其唯一性、独特性荣获首批“中国历史文化名街”称号。骑楼老街主要分布在市区得胜沙路、新华南路、中山路、博爱路及解放路一带，街道两旁是近百年历史的充满南洋建筑风情的骑楼。它们外表乍看斑驳古拙，仔细欣赏才发现这些建筑上大多布满优雅细致的雕塑和洋派的装饰，很有些巴洛克的味道。

INFO

地址
海口市龙华区

交通
乘坐3、5路公交到钟楼站下

门票
免费

了解历史掌故

骑楼老街建筑群初步形成于19世纪20~40年代，其中这里最古老的建筑四牌楼建于南宋，至今有600多年历史。尽管已过去了多年，仍能欣赏到街边建筑的美。这些骑楼建筑风格呈多元化的特点，有中国古代传统式、西方建筑模式，还有南洋的建筑及装饰风格。骑楼临街而建，整个建筑如同一件艺术品，窗楣、柱子、墙面造型、腰线、阳台、栏杆、雕饰等体现了独特的风韵，尤其在外墙体上浮雕的花纹中有着精美的百鸟朝凤、双龙戏珠、海棠花、蜡梅花等中国传统雕刻艺术。

2 万绿园 海口最大的开放性热带海滨生态园林

游玩推荐：热带植物观赏、生态园林

万绿园是海口市最大的、开放性的热带海滨生态园林。像一颗天然美丽、晶莹剔透的绿色翡翠，点缀着海口。园区独具热带海滨特色和生态风景园林特色。将蓝天、绿水、原野、现代化高楼融为一体，充分体现热带风光、海滨特色、国际性旅游城市的特点。

INFO

地址

海口市龙华区滨海大道38号

交通

乘坐3、6、17等路公交可到

门票

免费

亲历者体验 FOLLOW ME

万绿园周围景点众多，向东北约0.96千米是滨海公园；向东北约2.5千米是海口人民公园；向西南约1.8千米是秀英古炮台。游客若时间充裕，游赏完万绿园后可顺便去这几处景点看看。

3 海瑞墓 清正廉明官吏海瑞的墓园

游玩推荐：墓碑、海瑞塑像、清风阁

海瑞墓为一长方形陵园，四周为石砌围墙，建于明万历十七年（1589年），在后期遭到破坏。1982年，当地政府重新修建了海瑞墓园，墓园包含两部分，第一部分展示主墓及其望柱、牌坊、神道、石像生、书法作品、文物等，第二部分是纪念园，主要景观有“扬廉轩”“清风阁”“不染池”“八方亭”等。

INFO

地址

海口市龙华区丘海大道 39 号（近海瑞路）

交通

乘坐 3 路公交可到

开放时间

8:00~17:30

亲历者体验 FOLLOW ME

海瑞墓陵园内有海瑞文物陈列室，专供游客瞻仰。每年农历二月二十是海瑞祭日，届时当地百姓会来到海瑞墓前祭祀他。

了解历史掌故

海瑞（1514—1587年），字汝贤，自号刚峰，祖籍广东琼州府琼山县（今海南省海口市琼山区）。历任州判官、户部尚书、兵部尚书、尚书丞、右佥都御史等职，死后赠太子太保，谥忠介。海瑞一生为官清廉，有“海青天”之誉。海家为望族，在琼山当地向来行善施仁，再加上海瑞为官清廉、洁身爱民，所以群众对海氏家族素怀敬意，因而每逢清明节，不少当地人会来这里拜祭。

墓园选址于此的缘由

海瑞墓建于明万历十七年（1589年），据说本来选定的墓址并不在此，只是当海瑞灵柩运至此处时绳子突然断开，棺材落了地，人们认为这是海瑞在为自己选择墓地，遂将其葬于此。

4 金牛岭公园 九园一湖一场的大型园林景区

游玩推荐：动物园、金牛湖、热带植物

金牛岭公园地处海口市中心城区，园内有九园一湖一场，“九园”分别为综合性动物园、白鸽园、蝴蝶园、竹园、槟榔园、波罗蜜园、热带亚热带园果园、花卉园、烈士陵园；“一湖”为金牛湖；“一场”为健身广场。这里一年四季树木苍翠，花果飘香，景色极其秀丽，有“海口名胜”之美誉，是游客览景、猎趣的好去处。

INFO

地址
海口市龙华区海秀中路102号

交通
乘坐26、33等路公交可到

门票
免费开放，金牛岭动物园 30 元

亲历者体验 FOLLOW ME

“金牛瀑布”是金牛岭公园的象征物，也体现着海口人民勇敢进取、奋发向上的精神风貌。“金牛”位于公园进门处，高大威壮，浑身闪耀着金光，呈昂首东眺状。而旁边陡峭的石山上，一道银光闪闪的清水直泻而下，仿佛一条又大又长的瀑布水帘。这就是著名的“金牛瀑布”景观。

5 海口人民公园 被誉为海口市“城市绿肺”

游玩推荐：东西湖、海南解放纪念碑、多彩活动

海口人民公园是海口最大的市民公园，园内东、西湖景色优美，湖畔椰林环绕，湖心岛上楼阁金碧辉煌。全园按功能分区划分东西湖游览区、烈士纪念区、热带植物标本区、安静休息区、兰圃、动物区及生活区等。海南解放纪念碑在公园正门入口处，为纪念长期坚持琼岛革命和渡海作战而英勇牺牲的烈士，于1954年修建。公园内还建有冯白驹将军雕像和冯白驹纪念亭。

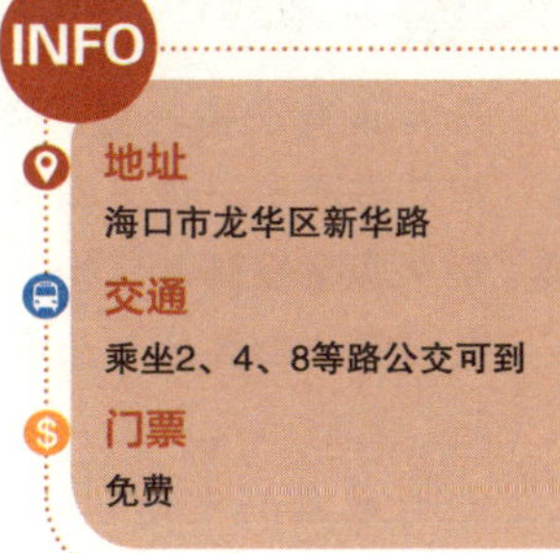

INFO

地址
海口市龙华区新华路

交通
乘坐2、4、8等路公交可到

门票
免费

亲历者体验 FOLLOW ME

海口人民公园内会不定期举办各种丰富多彩的活动，包括动物展览、表演、园艺等。公园周围有一条公园路，这里是当地人们逢年过节举办花市、鱼市的地方，十分热闹。

6 滨海公园 现代化综合性游乐公园

游玩推荐：海滨风光、蜜蜂王国

滨海公园是一处现代化综合性游乐公园，它前临滨海大道，后依大海，故名“滨海公园”。该园为填海之后形成的景区，集园艺、旅游、娱乐为一体，建筑风格为欧陆式。园内绿化率很高，还设有人工湖、假山、喷泉等景观，以及蜜蜂王国、溜马场、和平鸽广场等休闲娱乐场所。

INFO

地址
海口市龙华区泰华路口西南

交通
乘坐 17、18等多路公交可到

门票
免费

亲历者体验 FOLLOW ME

滨海公园里还有一处景点是城市花园——情人谷，从公园左门即可进入。景区为园林式布局，高低有致，闹中取静，曲径通幽，是一处非常适合谈情说爱的“情人世界”，也是一处摄影的绝佳场所。

7 西天庙

祭祀明代海南名士王佐

游玩推荐：头门横匾、木刻、故事绘画

西天庙有正室三进，第一进和第二进之间有天井，第二进和第三进之间是拜亭，拜亭两边为东西厢廊。整个庙宇系砖木结构，丁字斗拱（单式斗拱），头门有石刻“西天庙”凸字横匾，系出自清代张岳崧的手笔。室内画栋雕梁，工艺精致，斗拱之产和墙壁之上，有成套的木刻和故事绘画，故事人物栩栩如生，为海南省保存至今的不可多得的古代建筑物。

INFO

地址
海口市龙华区义兴街75号

交通
乘坐2、8等路公交可到

门票
免费

8 海口钟楼

海口的城市地标

游玩推荐：钟楼外观、儿童公园

为便于统一时间，1929年爱国商人周成梅发起建造了海口钟楼。大钟设在5楼，每隔30分钟报时一次，时间较为准确。1987年，海口钟楼经过改建，成为一座现代化新钟楼，由于采用电子钟计时，报时非常准确。新钟楼为6层钢盘混凝结构，外观给人庄严、肃穆之感。海口钟楼作为海口的地标，是历史的见证，蕴含着深厚的文化底色。

INFO

地址

海口市龙华区长堤路

交通

乘3、5等路公交可到

门票

免费

亲历者体验 FOLLOW ME

游客在海南旅游时最好穿旅游鞋、运动休闲鞋，还要带防晒用品，如墨镜、遮阳伞、防晒霜等。此外，提醒读者海口钟楼附近小摊上的海鲜小吃，慎重食用，如想吃海鲜的话，建议去正宗饭店。海鲜、水果也不可过量食用，最好带上一些消化药及消炎药，以备不时之需。

9 世纪大桥

电影《非诚勿扰》的取景地

游玩推荐：璀璨的大桥夜景

世纪大桥是连通琼北沿海三市两县七个组团的中心枢纽，形成琼北约110千米带状城镇群的滨海主干道的重要组成部分。大桥全长约2683米，桥面宽约29.8米，设双向6车道，设计行车速度约为60千米/时。主桥两端共设4座塔楼，南北岸设桥头广场。主塔呈钻石型，塔高约106.9米，主塔基础为圆端型沉井，斜拉索每一单面22根，共176根。

INFO

地址

海口市美兰区海甸岛五西路和龙华区龙昆北路北延长线交界处

交通

乘20或26路公交在甸昆小区站下

亲历者体验 FOLLOW ME

海口世纪大桥适合一年四季旅游，以冬天为最佳时节。这里景观壮美，冯小刚执导的电影《非诚勿扰》曾在这里取过景。

10 中共琼崖“一大”旧址

海南共产党组织的诞生地

游玩推荐：体验革命教育、海南民居旧址

中共琼崖“一大”旧址是海南共产党组织的诞生地和琼崖革命斗争的策源地。旧址是典型的海南民居结构，原为邱氏祖宅，四合院式布局，两进三间。1926年中共琼崖第一次代表大会在邱宅召开，大会宣布建立中共琼崖地方委员会，标志着琼崖人民革命斗争和海南人民革命斗争进入了一个新的阶段。旧址作为琼崖现代史上具有划时代意义的事件的见证，是游客感悟历史和体验革命教育的胜地。

INFO

地址
海口市美兰区琼山大道

交通
乘坐2、4、8等路公交可到

门票
免费

11 琼州大桥

海南最长、最宏伟的公路桥

游玩推荐：乘车观赏、夜景绚烂

琼州大桥横跨南渡江，全长约1396.98米，是海南最长、最宏伟的公路桥。桥梁为双向四车道，宽约23米。桥梁主跨采用五孔钢管混凝土拱结构，主跨约108米，拱杆矢跨比（1∶4.5）在国内是最大的，技术含量很高。琼州大桥不仅是连接海口市中心和新市区的重要枢纽，而且是体现海南形象的标志性建筑，所以也是一处著名的观光点，非常值得游览一番。

INFO

地址
海口市美兰区

交通
乘坐12、43等路公交车在琼州大桥站下

12 海南大学 被称为“海甸岛人民的免费公园”

游玩推荐：美丽的校园风光、椰子大道

海南大学简称“海大”，地处海口市海甸岛上，是国家“211工程”重点建设大学之一，也是海南唯一拥有国家级重点学科、博士授权点、博士后工作站、免试推荐研究生资格的高校。海大目前有海甸、城西、儋州3个校区，其中海甸校区为主校区，因环境优美、景色秀丽而被称为“海甸岛人民的免费公园”。

INFO

地址

海口市美兰区人民大道58号

交通

乘坐15、17等路公交车在海大北门站下

亲历者体验 FOLLOW ME

海南大学校训为“海纳百川，大道致远”，海甸校区附近还有一些著名景点：西门附近是海南的城市地标之一——世纪大桥，再往西是风光旖旎的海口湾；北门附近有白沙门公园、琼州海峡海滩等著名景观。

13 白沙门公园 有四大旅游主题片区的公园

游玩推荐：白沙津、妈祖神庙、儿童游乐园

白沙门公园地处海甸岛北部，靠近琼州海峡，公园有四大旅游主题片区，即海口年轮、欢乐海洋、夕畔海岸、城市驿站，包括白沙津、妈祖神庙、白沙门儿童游乐园等。此外，公园内还有“滨海风情”“民俗生活”“解放军渡海登陆纪念”等内容，展现了海南浓郁的海滨休闲气息、历史民俗风情等充满魅力的元素。

INFO

地址

海口市美兰区海甸岛北部人民大道白沙门

交通

乘坐21、36等路公交可直达

门票

免费

了解历史掌故

“白沙寻痕”是白沙门公园首要主题，指的是海滨上一处洁白的沙滩，即古代的白沙津渡口。白沙津设于宋代，是海口市城市及历史文化发展链条上最初的环节。所以，在白沙门公园寻找海口市之起源，也就自然而然成了公园的最主要特色了。

14 亚洲水彩艺术博物馆

中国第一家专业水彩博物馆

游玩推荐：著名水彩画家的代表作品

INFO

地址

海口市美兰区世纪大道12号

交通

乘坐35a、40路公交车可到

亚洲水彩艺术博物馆是中国第一家专业水彩博物馆，集收藏、展览、交流、创作、研究于一体，以“百家争鸣”为学术方针，以“百花齐放”为收藏方向。目前，馆藏作品涵盖了国内外百余名著名水彩画家的代表作品，其艺术价值、学术价值与历史价值均很高。该馆作为具有国际水准的专业艺术殿堂，一直秉承面向群众、雅俗共赏的原则，是一处独具艺术性、学术性、人民性、公益性的博物馆，极具游览观赏价值，不容错过。

亲历者体验 FOLLOW ME

目前馆藏作品涵盖了国内外百余名著名水彩画家的代表作品，其艺术价值、学术价值与历史价值均很高，包括约瑟夫·马洛德·威廉·透纳的《康威城堡》、安德鲁·怀斯的《利刃》《晚收》等，黄铁山《海岸夕照》《寺庙正午》《雪林薄雾》等，陶世虎的《二月》《故土萦怀》等，王维新的《街头小景》等，刘寿祥的《鲜果系列》等，关维兴的《人间圣母》（30余幅）等。

15 西海岸带状公园

连接城市西海岸数个公园的带状公园

游玩推荐：椰林大道、观海人行小道

西海岸带状公园沿着滨海大道两侧呈带状伸展，包括西秀海滩和假日海滩，全长约11千米。近处是宽广的椰林大道，两边是雕塑、草地、回廊、小路和海滩，风光旖旎；远处海面上是海市蜃楼般的海口市，是个放松休闲的好地方，虽在城市，却也能体味一份属于自己的宁静。挺拔秀美的椰子树相拥的景区大道，彩砖铺设平整华丽的观海人行小道，把景点像珍珠一样串联起来。

INFO

地址

海口市秀英区滨海西路

交通

乘28、37等路公交可到

门票

免费

亲历者体验 FOLLOW ME

1. 假日海滩上有多种价格不等的娱乐项目供游客选择。

2. 假日海滩休闲度假区建有新型度假别墅、特别木竹结构度假中心、各样帐篷、简便吊床等滨海住宿设施。

3. 西秀海滩是轮滑爱好者的乐园，建有专门的轮滑滑道，海面上有不少外国帆船运动员和爱好者在弄潮。

16 秀英炮台 中华民族抗击外国侵略的历史见证

游玩推荐：五座古炮台、指挥营、操练场、营房

秀英炮台是海南古代宏大的军事设施，始建于1890年，当年清政府为抵御法军入侵，命令各军严防沿海各口岸，在两广总督张之洞临琼视察形势后下令起建的。

秀英炮台当时共建造大小炮台五座，拱北、镇东、定西为三大炮台，振开、振威为两小炮台。五炮台自东向西成一直线，朝北并列，虎视大海，威风凛凛。炮台东南侧设有指挥室，背后有操练场和营房。秀英炮台是中国古代规模较大的军事设施之一，它与广东的虎门炮台、上海的吴淞炮台、天津的大沽炮台并称“中国古代四大炮台”。

INFO

地址

海口市秀英区海秀大道秀英村

交通

乘坐3、23等路公交可到

17 观澜湖温泉 亚洲最大的火山岩矿温泉主题公园

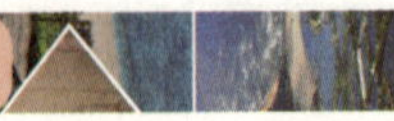

游玩推荐：中西风格建筑、火山矿盐温泉

观澜湖温泉包括蕴含全球六大洲风格的火山岩矿温泉、设计独特的水疗中心和户外火山岩水上乐园三大板块。公园设计把中西经典风格建筑相结合，以中国福建客家围屋为设计灵感，矿温泉迎宾大堂和水疗主楼是园区的重心和亮点。

INFO

地址

海口市秀英区观澜湖大道1号

交通

可坐旅游3线在观澜湖度假区下

开放时间

13:00~24:00

亲历者体验 FOLLOW ME

亚洲区：分为“热带东方”“东方禅意”等主题温泉，人们可以体验具有中国、日本、韩国、印度等各国特色的温泉。

大洋洲区：凸显“土著毛利”和“山林温泉”的意境，让人可快速恢复体力。

美洲区：推出“炙热熔岩”“狂野西部”和“亚马孙河域”，具有滋润肌肤、消除疲劳的功效。

欧洲区：着意渲染“古典罗马”“地中海风情”“法国葡萄园”“希腊海洋”的浪漫。

非洲区：“迷城”把人们的想象引入一个未知世界。

18 琼洲文化风情街 综合性文化主题风情街

游玩推荐：购物、特色美食

琼洲文化风情街坐落于风光秀丽的南渡江畔，街长约500米，处于美兰机场与海口市区连接的核心位置。琼洲文化风情街是集旅游、休闲、餐饮、购物、学术与文化传承、研究于一体的文化主题风情街区。

INFO

地址

海口市琼山区滨江路

交通

乘坐69、205路公交车可到

19 五公祠

海南五位历史名人的谪居地

游玩推荐：苏公祠、海南博物馆

五公祠是为纪念唐宋两代被贬谪来海南的李德裕、李纲、李光、赵鼎和胡铨五位历史名臣而建，包括海南第一楼（又称五公祠）、西斋（五公精舍）、苏公祠等建筑和新建的海南博物馆。素有“琼台胜境”“瀛海人文”和“海南第一名胜”之誉。

INFO

地址
海口市琼山区海府大道169号

交通
乘坐1、11、41等多路公交车在五公祠站下

门票
30元

开放时间
8:00~18:00

了解历史掌故

苏公祠最早为苏东坡借寓过的金粟庵，后来更名为“东坡读书处”。元代在此设“东坡书院”，匾额由当时的大书法家赵孟頫题写。明万历四十五年（1617年），书院改建为“苏公祠”，里面奉祀苏东坡及其子苏过和学生姜唐佐。苏公祠作为纪念苏东坡的建筑景观，是游客瞻仰、缅怀和凭吊这位文史名人的绝佳之地。

20 海瑞故居

仿明海南民居建筑群

游玩推荐：故居木匾、海氏家族祖墓

海瑞故居在海瑞庙旁，坐北向南，西向红城湖，背靠朱桔里大街。它是由琼山籍著名的高级建筑师郑振鋐先生设计，承建者是海瑞故里的后人骆书富先生。复建的海瑞故居占地约1363平方米，是以海瑞故居的原貌为依据，参照明代海南建筑风格加以设计的。前门为牌坊式，上正中悬挂“海瑞故居”木匾，匾上方有“粤东正气”四字匾，表达了人民对海瑞的敬仰之情。

INFO

地址
海口市琼山区红城湖路67号

交通
乘坐10、11、14等路公交在朱云路口下

门票
免费

了解历史掌故

故居附近现存4座海氏家族祖墓，分别为明始祖海公之墓、八世海一龙之墓、十二世祖海见龙之墓、海瑞母之墓。其中，海瑞母之墓墓碑高约5米，气势壮观。海瑞故居极具旅游观光、考古研究价值，是游客缅怀历史的好去处。

21 李硕勋烈士纪念亭

"勋亭流芳"被列入"海口八景"

游玩推荐：李硕勋烈士像、李硕勋烈士生平事迹展览室

李硕勋烈士纪念亭始建于1986年，纪念亭坐南朝北，呈四角形，高约6.1米。亭前有李硕勋烈士半身像，高约1.2米，以花岗岩雕成，正面刻有"李硕勋烈士永垂不朽"九字。亭后有一道黄墙绿瓦长廊，上嵌10块大理石题词。亭旁有李顿勋烈士生平事迹展览室。作为专门为李硕勋烈士而建的纪念亭，这里是游客缅怀这位现代历史名人的最佳去处。

INFO

地址
海口市琼山区勋亭路（五公祠对面）

交通
乘坐60路公交车在日月广场东门站下

门票
免费

开放时间
8:00~18:00

22 海南省博物馆

海南省内一座综合性大型博物馆

游玩推荐：馆藏文物、专题展览

海南省博物馆于2008年开馆，是海南省唯一的综合类现代化博物馆。馆内设有《海南历史陈列》《海南馆藏文物陈列》《海南少数民族陈列》《海南非物质文化遗产陈列》四个基本陈列，目前已有2万多件琳琅满目的馆藏文物。馆内先后举办过近20场专题展览，开展过多项学术活动。海南省博物馆像一道亮丽的风景线，吸引着众多国内外游客纷至沓来，是全方位、多层次地认识和了解海南历史、文物、民族的绝佳处。

INFO

地址

海口市琼山区国兴大道68号

交通

在市区乘坐33、56等路公交到海南广场下

23 永庆寺 琼北规模最大的佛教寺院

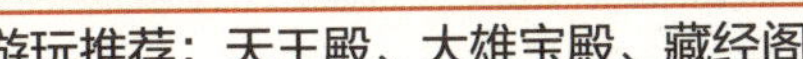

游玩推荐：天王殿、大雄宝殿、藏经阁

永庆寺始建于北宋时期，为古代“澄迈八景”之一，是海南历史上有名的禅林圣地。据史料记载，曾有李纲、苏东坡、李光、胡铨等众多历史名人贤士慕名游历该寺，使之名播四方。后不幸毁于战争和动乱。如今之永庆寺乃2009年重建，它殿宇高广，庄严瑰丽，包括山门、天王殿、大雄宝殿、观音殿、文殊殿、藏经阁等诸多建筑。

INFO

地址

海口市澄迈县老城开发区盈滨半岛

交通

乘204路或澄迈游6路公交可到

门票

免费

海口郊区景点

1 石山火山群

中国唯一的热带海岛城市火山群

游玩推荐：各种类型的火山、火山岩熔隧洞

石山火山群位于海口市西南约15千米的石山、永兴两镇境内，邻近琼州海峡，属地堑——裂谷型火山活动地质遗迹，也是中国为数不多的距今万年以上的休眠火山群之一。石山火山群几乎集中了世界上所有类型的火山，火山区内三十多条火山熔岩流过的通道或呈隧道状，或为层状，或为分叉状，各具特色。区内还有火山熔岩隧洞几十条，其中以仙人洞、火龙洞和卧龙洞最为壮观。

INFO

地址
海口市秀英区石山镇

交通
乘旅游公交1线到火山口地质公园站下

门票
旺季54元，淡季45元

开放时间
8:00~18:00

亲历者体验 FOLLOW ME

公园马鞍岭火山海拔约222.8米，是琼北最高峰，因其像一对眼睛而又称眼睛岭，有“火山圣婴”之美誉。它由4座火山组成，分别为北锥包子岭火口、南锥风炉岭火口及两个寄生的小火山。这里不仅景色秀美，还可将整个景区内的美景尽收眼底，极具游览特色。

火山的类型

常见的火山有盾火山、锥火山、层火山和破火山。盾火山为几乎全由低黏度熔岩组成的盾状火山。锥火山为几乎全由火山碎屑组成的火山。层火山则是火山碎屑岩层与熔岩层交替叠置而成的火山。破火山是经历了塌陷、喷溢、复活隆起等复杂过程的大型凹陷状火山。海口火山群中多数为锥火山，少数为盾火山，如风炉岭即为锥火山，永茂岭为盾火山。

2 热带野生动植物园

海南野生动物大世界

游玩推荐：丛林小径、奇花异草、珍稀野生动物

热带野生动植物园坐落在风景秀丽的东山湖畔，原名东山湖热带野生动物园，于1996年9月对外开放。园内汇集了世界各地珍稀野生动物200多种，数量达4000余头（只）；现有植物280科，1000多个品种，为典型的热带雨林景观。

园内景观纯属自然天成，莽莽林海和茂密的植物为动物营造了良好的野生环境；而人工开辟的丛林小径和种植的各种奇花异草，又使游人犹如置身于鸟语花香、生机盎然的大自然中，进入一个奇丽多姿、惊险有趣的动物世界。

INFO

地址
海口市秀英区东山镇

交通
乘旅游公交2线可到

门票
158元

开放时间
9:30~17:30

亲历者体验 FOLLOW ME

1. 最佳游览路线：游客应按照景区旅游线路游览。先乘车在行车区观赏非洲狮、东北虎、黑熊等猛兽，然后步行在步行区观赏亚洲象、长颈鹿、鳄鱼、河马、巨蜥、长蟒、鸸鹋、矮马等，自行游乐。

2. 不得自带食品或其他杂物投喂动物，以防危及动物健康；带儿童的游客要照顾好儿童；不要在水边、陡坡和跨越护栏及隔离栏杆等危险区域玩耍或照相。

3. 必看景点：狮虎兽是狮虎交配的后代，当然也是海南热带野生动植物园的“大明星”。因为狮虎交配的受孕率只有十万分之一，而狮虎兽的成活率更加低至约五十万分之一，所以狮虎兽被誉为“超级混血宝贝”。狮虎兽·快乐营作为生物的奇迹狮虎兽的养殖地，是游客在海南热带野生动植物园最值得看的景点之一。

3 府城鼓楼

明朝海南卫所在地

游玩推荐：门额、城门、鼓楼街公期活动

府城鼓楼为土木结构，始建于明洪武年间（1368—1398年），是当时的海南卫指挥使王友所建。据《琼州府志》载，鼓楼为海南卫所在地，地势居高临下，是一项军事设施。原楼高3层，现仅存2层，门额上灰塑“海南壮观”“奇甸文明”楷字。楼下有石级拾登，可直通城门。府城鼓楼气势磅礴，雄伟壮观，是一座具有历史意义的文物古迹。

亲历者体验 FOLLOW ME

府城鼓楼所在的鼓楼街，现为居民区，每年正月十二，这里会举办鼓楼街公期活动。公期是当地民间自发组织的年度性、区域性祭神活动，气氛庄严而热闹，可在这个时候去鼓楼附近游玩，顺便体验一下这种地方文化习俗。

INFO

地址

海口市琼山区府城镇尚书直街

交通

乘1路、1路快线公交到琼山中学或琼山文化宫下

4 琼台福地 古城古文化胜地

游玩推荐：牌坊、关帝巷

INFO

地址

海口市琼山区府城镇文庄路

交通

乘1路公交在琼山文化宫站下可达

琼台福地位于海口市府城文庄路的一条南北小巷——关帝巷之内。巷口有一座造型精美的牌坊，该坊为全石质古栏式构造，单楼四柱，石堆瓦楞顶盖，鲤鱼鸱尾顶饰，坊面宽三间，坊匾正背面都是阳刻的“琼台福地”隶体烫金大字。穿过牌坊，走进狭窄的关帝巷，可看见几十级台阶之上一组金碧辉煌的仿古建筑。这里就是闻名遐迩的古城古文化胜地——琼台福地。

了解历史掌故

该地为府城三座高峰之一的抱珥山，唐之都督府、宋之都监台、元之元帅府皆设在山上。人们习惯尊称朝廷官衙为“台”，故这里称“琼台”。琼台福地的说法由来已久。相传海南地形极像一只缩头神龟，宋太祖怕它伸出头来威胁王朝的统治，便将州城迁来神龟缩头处，宋神宗熙宁六年(1073年)，在府城设立琼管安抚司统管全岛政务，因此，当时人们称此地为“琼台”。

5 假日海滩

海口最大的公共浴场

游玩推荐：沙滩浴、丰富的海上运动

假日海滩东起西秀海滩，西至五源河口，集水上运动、沙滩运动、旅游观光、休闲度假、文化娱乐于一体，是海口最大的公共浴场和公共旅游休闲场所。这里明媚的阳光、湛蓝的海水、碧绿的椰林相映成趣，构成一幅美丽动人的自然画面。整个海滩主要分为滩日浴区、海上运动区、海洋餐饮文化区和休闲度假区。沙滩上遍布五彩缤纷的太阳伞、整齐划一的沙滩椅，高高耸立的瞭望台，还有丰富多彩的休闲娱乐设施，游人熙熙攘攘。

INFO

地址
海口市龙华区滨海大道

交通
乘坐28、35路公交车至假日海滩站下

6 冼太夫人纪念馆

为纪念巾帼英雄冼夫人而建

游玩推荐：冼夫人彩绘、军坡节活动

INFO

地址
海口市龙华区新坡镇

交通
打车前往

冼太夫人纪念馆由建于明代的梁沙婆（即冼夫人）庙经20世纪90年代初重建、扩建而成。由大门、广场、两进庙堂、两侧厢房和庭园等七部分组成。纪念馆造型大方，气势雄伟。屋顶为重檐式，铺盖金黄色琉璃瓦，金碧辉煌。馆的正门上分别镶嵌“巾帼英雄”“岭南风”“千秋懿范”等大匾额，格外引人注目。大厅正殿上有冼夫人的彩绘，身穿袍套，神采奕奕。其前放置香案、八仙桌和落地香炉，两侧陈列古代八种兵器。每年庙会军坡节活动在这里举行，届时热闹非凡。

7 羊山休闲公园

拥有火山熔岩地貌

游玩推荐：热带绿色长廊、海口禅院、体育运动

羊山休闲公园属于火山熔岩地貌，集吃、住、行、游、娱等诸多要素为一体，拥有三角园旅游休闲片区、羊山民俗文化片区、旅游休闲营地片区、热带果园观光片区等功能分区，是休闲、旅游、度假的绝佳胜地。

INFO

地址

海口市龙华区羊山大道

交通

乘坐快2路、旅游3线公交车至民航职业学院站下

门票

免费

亲历者体验 FOLLOW ME

三角园旅游休闲片区包括羊山四季休闲山庄、热带绿色长廊、蜜蜂园、火山植物观光园等；羊山民俗文化片区以昌荣湖、博片湖附近的古代庙宇为中心，建有文化旅游活动中心，内含海口禅院、艺术家村落、爱情公园、羊山民居四个项目；旅游休闲营地片区规划建设汽车营地中心、自行车休闲俱乐部、5人制足球场等体育休闲运动项目。

8 比干妈祖文化园

风格独特的文化观光园

游玩推荐：比干纪念馆、忠孝堂、妈祖庙

比干妈祖文化园以宋代建筑风格设计，古色古香，布局严谨。园区建有比干纪念馆（财神殿），供奉天下林氏太始祖比干；受姓始祖林坚及各时期渡琼的林姓始祖“忠孝堂”；被联合国授予世界文化遗产，受世人敬仰的“妈祖庙”等。

INFO

地址

海口市琼山区府城镇儒传村

交通

乘坐41、46路公交到比干妈祖文化园站下

门票

免费

9 琼台书院

为纪念“海南第一才子”丘浚而建

游玩推荐：陈列馆、魁星楼、书院博物馆

琼台书院始建于清朝康熙四十年（1705年），是后人为纪念“海南第一才子”、明朝大学士丘浚而建，由于丘浚被人们称为琼台先生，书院由此得名。这里曾是琼州的最高学府，也是海南唯一的府立书院，历史悠久，人文气息浓厚。书院有陈列馆、魁星楼和书院博物馆等景点。

INFO

地址
海口市琼山区府城镇文庄路

交通
在琼山区乘坐1路公交车可到

亲历者体验 FOLLOW ME

进入第一道大门两侧的平房是书院的陈列馆和展览厅，陈列馆中收藏着琼台书院历代文物，展览厅则不定时展出海南省的书画作品，因为这里还是海南省花鸟画创作研究基地。

书院博物院内展出有大量的《搜书院》剧照图片和史料，展示了琼台书院三百年发展史及海南教育史。博物馆院内还可以看到七八株缅栀子，又名鸡蛋花，其花瓣洁白，花心淡黄，端庄高雅，极似蛋白包裹着蛋黄，非常漂亮。

了解历史掌故

“魁星楼”是琼台书院的主体建筑，建于清乾隆十八年（1752年），二楼正中悬挂“进士”二字匾，为当年该书院生员张日旻中进士后朝廷所赐。楼内雕梁画栋，极具艺术观赏性；楼前树木葱茏，环境清幽雅致。从创建之初就是海南人读书登科之地，曾培养一大批文人墨客。之后，书院办过师范学校，为海南的教育事业培养了一大批教育工作者。

琼台书院与《搜书院》

著名的粤剧、琼剧《搜书院》的故事就发生在此书院。书生张日旻和琼州府镇台的婢女产生爱情。镇台震怒严惩婢女。婢女逃进书院求救。镇台派人追至。书院掌教谢宝仗义执言，门前挡驾，并机智地连夜将婢女送出城外，使张日旻与婢女终成眷属。琼台书院也随着《搜书院》的故事而蜚声海内外。

10 仙洋水庄

园林式大型度假村

游玩推荐：娱乐设施、地方名菜

INFO

地址

海南省桂林洋开发区内

交通

乘汽车或包车前往

仙洋水庄距海口市约15千米，水庄占地约5.5万平方米，四面环水，绿草如茵，奇花异木林立，是一个独具江南仿古风格的，集度假、休闲、娱乐为一体的园林式大型度假村。水庄装修典雅、豪华，服务设施配套齐全，拥有豪华套房、国际标准房72间，设有大堂酒吧、高级游泳池、网球场、钓鱼台、水上娱乐、KTV歌舞厅、桑拿按摩、美容美发等休闲娱乐设施以及大小会议厅、商务中心等商务设施，还有中西餐厅，能提供粤、潮等地方名菜和正宗法式西餐。

11 美视五月花高尔夫球场

典型的城市滨海林地型球场

游玩推荐：高尔夫运动

美视五月花高尔夫球场地处海口市西海岸风景区，是一个集高尔夫、别墅、娱乐及公众沙滩于一体的国际性度假胜地，球场充分地将滨海地区原有的自然景观、原始地貌、天然植被与独特的沙坑完美结合，造型更具多样化，同时也更富有挑战性，是典型的滨海城市林地型球场。

INFO

地址

海口市滨海西路88号

交通

乘28、37路等公交车在美视高尔夫站下即可

开放时间

6:30~19:00

12 东寨港红树林保护区

国内最大的红树林自然保护区

游玩推荐：红树林、珍贵水鸟、野菠萝岛、特色美食

东寨港红树林保护区因陆陷成海，形如漏斗，海岸线曲折多湾，潟湖滩面缓平，红树林就分布在整个海岸浅滩上。除了红树林外，保护区还有多种珍贵水鸟生存。保护区内现约有159种鸟类，《中日保护候鸟及其栖息环境协定》所列227种候鸟中，东寨港有75种；《中澳保护候鸟及其栖息环境协定》所列81种候鸟中，东寨港有35种，可谓是“鸟的天堂”。

亲历者体验 FOLLOW ME

保护区内还有一处野菠萝岛，岛上环境幽美，野菠萝林连片蔽日，景色十分秀丽。岛上修有观光小道，游客游览时可乘船登岛。保护区内有很多美食，比如四宝琼山豆腐、椰奶咖喱蚵、瓦罐椰奶鸡、海南黑鱼丸等，均独具风味，值得品尝。保护区的特产有番荔、山竹、菠萝等，其中山竹肉质嫩滑、味道清甜，被誉为“热带果后”；菠萝是四大热带水果之一，具有肉厚汁多、风味独特、营养价值高等优点。

INFO

地址

海口市美兰区东寨港

交通

乘坐201路公交到红树林景区站下

门票

观光游船票60元

13 海甸岛

海口市最大的岛屿

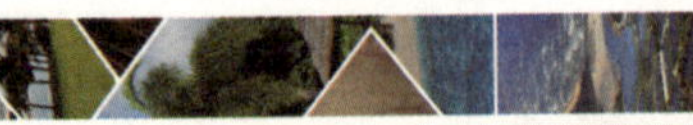

游玩推荐：垂钓、水乡风光

INFO

地址

海南省海口市美兰区

交通

乘坐83、215等多路公交在消防海甸中队站下

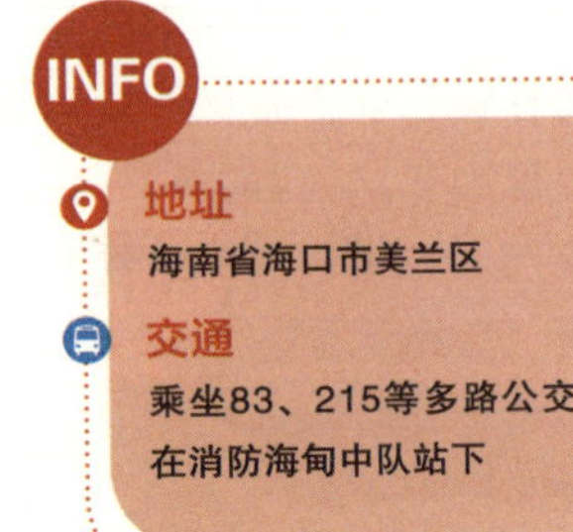

海甸岛在海口市的北部，处于海南的母亲河——南渡江的入海口，是一个典型的三角洲岛屿。海甸岛是海口市最大的岛屿。海甸岛同紧临的新埠岛一起，形成南渡江三角洲的中心，而南渡江在这里被分成三大股水道，从这两个岛屿两边和两岛之间分别注入琼州海峡。海甸岛与一水之隔的海口市中心似连非连，似断非断，一衣带水隔江相望。三座大桥把海甸岛和海口市的滨海大道、长堤路连接在一起，使海甸岛成为一个既与市中心交通来往方便又相对独立的地区。海甸岛面积约14平方千米，呈东西略宽的不规则卵形。岛上地势平坦，水系密布，湖泊和沟渠很多，这些沟渠湖泊为岛上增添了一派水乡的风光。海甸岛由于得天独厚的位置，虽然处在海滨，海边却罕有狂涛巨浪，不会发生海啸等严重自然灾害，台风也很少光顾。相比其他气象条件严酷灾害频生的热带岛屿，这里不愧是一个安全、宁静的温柔之乡。

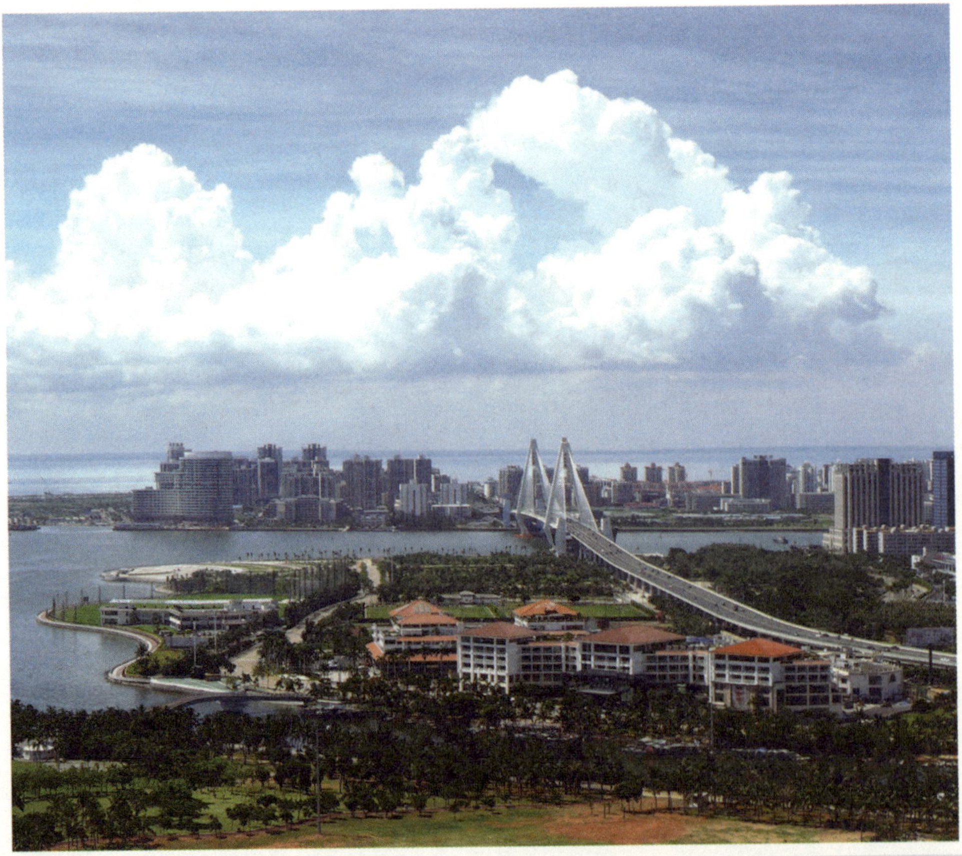

亲历者体验 FOLLOW ME

由于海甸岛独特的地理位置，加之有南渡江入海口，其丰富的微生物，使海甸岛的周围有丰富的鱼类资源。经常有海钓爱好者在此垂钓。特别是南渡江入海口处，沙滩、火山石边藏有不同的鱼类，并且此处水流变化多端，原环岛浴场已经关闭，使鱼类不受惊扰，因而在此处的海钓爱好者可钓获不同的海鱼。特别是人工填出的两段堤坝处，经常钓获小石斑鱼、黑鲷、黄脚、沙锥，有时也有大鲈鱼上钩。曾有人钓到过20斤重的鳐鱼。

14 冯白驹故居

了解冯白驹将军的好去处

游玩推荐：正屋陈列室

冯白驹故居背依山丘，面俯绿野。故居是经多次修缮，但始终保持其原屋居迹及砖瓦桁结构的海南农家室。正屋左侧，顺势建造一列横廊，里面陈列着关于冯白驹将军家世、生活、革命活动等的物件及图片。在这里，参观者可以了解到琼崖革命斗争的史迹和冯白驹将军的生平事迹。

INFO

地址
海口市琼山区云龙镇长泰村

交通
乘坐游5路公交可达

门票
10 元

海口带状公园

海口旅游资讯

交通 自助游必须掌握的交通

外部交通

飞机

海口美兰机场位于海口市美兰区美兰镇，距离海口市约25千米，从机场到市区通常需要约30分钟车程。美兰机场已开通160多条国内外航线。疫情期间航班信息有所调整。

火车

海口常用的是海口火车站、海口火车东站两个车站。海口火车站坐落于市中心西部20多千米的海滨，现建有四个硬座候车室和一个软座候车室。该站主要是环岛高铁的枢纽站，有开往环岛高铁各站的动车，以及到上海南、北京西、成都东等

地的空调快速列车。海口火车东站位于市区南部，为海南环岛高铁（动车）的枢纽站，主要运营往返三亚的动车。

汽车

海口市内目前主要有4个长途客运站，分别为长途汽车总站、海口汽车东站、海口汽车西站和海口汽车南站。这些汽车站的客车班次众多，可通往省内外大多数城市和地区，乘车很是方便。

长途汽车总站主要有发往省内各市县的班车。海口汽车东站主要运营前往海南东线各县的班车。海口汽车西站的车主要前往儋州、白沙、昌江、东方、临高等地，有出岛的省际长途客运，有去云贵、两广、两湖等省的专线。海口汽车南站主要有前往定安、屯昌、五指山、三亚等海南东线、中线市县的班车。

轮船

海口主要有新港、秀英港和南港三个港口，海口新港以湛江港和海安之间的客运和汽车轮渡为主。秀英港主要是开往广州、湛江、北海的航线。南港目前主要开通了到达海安北港粤海铁路的客滚船。

市内交通

目前，海口有市区线路、旅游公交、环线公交、快速公交和夜班线路等多种公交路线，覆盖了城郊广大地区。公交车大多数实行一票制，少数公交车实行分段计价制。大多数公交车可使用IC卡刷卡乘车，也可投币。

住宿 驴友力荐的住宿地

海口的酒店、旅馆数量众多，即使在春节、国庆等旅游旺季，在海口仍可以找到满意的住处。海口的酒店档次非常齐全，五星级酒店的佼佼者首推环岛泰得、金海岸，三四星级酒店中魁首当属宝华海景、泰华、海口宾馆。此外，还有许多经济实惠的招待所青年旅社等，这些不仅安全卫生而且价格便宜。

海口住宿地推荐	
名称	地址
海口喜来登酒店	海口市秀英区滨海大道136号
金海岸罗顿大酒店	海口市美兰区人民大道68号
海南森林城市酒店	海口市琼山区凤翔东路99号
海口时光印风情酒店	海口市龙华区解放东路、解放西路交汇处
海口巴纳纳国际青年旅舍	海甸岛人民大道21号梨园小区别墅
海口观澜湖度假酒店	海口龙华区观澜湖大道1号

美食 饕餮一族新发现

海口菜的技法与粤菜差不多，但却以椰味见长，比如椰奶鸡、椰奶燕窝盅等。海南四大名菜（文昌鸡、嘉积鸭、东山羊、和乐蟹），以及石山扣羊肉、曲口海鲜、四宝琼山豆腐、斋菜煲这些在海口都能吃到，各种虾、贝、鱼也应有尽有。

小贴士

博爱路的水巷口街，是海口地方饮食店聚集处，也是吃早点的理想场所，海南粉、牛腩饭、猪脚饭、煎粽、琼式月饼、山兰酒鱼煲很受欢迎。新埠岛有海鲜大排档，要吃上既便宜又新鲜的生蚝，可去滨海公园。吃美味小吃可以选择去骑楼小吃街、海大南门小吃一条街等。

购物 淘宝达人爱去的街店

在海口可以逛逛当地的土特产商店，可以买些兴隆咖啡、胡椒粉、椰糖之类的东西带回去，无论是自己吃还是送人都很不错，尤其是海南的胡椒粉，非常香，很值得买。海鲜干货也推荐买一点，大东门市场是海鲜干货的集散地，可以在这里买一些美味的红鱼或鱿鱼干。此外，水产码头批发一条街是海南省最大的批发市场、贸易基地和货物中转集散地，购买海南当地的土特产、椰子制品等都可以到这里来选择。

购物中心推荐

博爱路：博爱路位于海口市东北部，古称城内大街、南北所街，距今已有600多年的历史。1924年后，为纪念孙中山倡导的博爱精神，更名为博爱路。博爱路长约1300米，是老海口城南北走向最长的街道，也是最繁华、最具特色的一条商贸街。街道边建筑以骑楼为主，店铺里主营文具、灯具、布艺、服装、礼品等商品。此外，东、西门市场贯穿博爱路，东门为海鲜干货市场，西门为古玩一条街。

海秀大道：海秀大道聚集着很多特色商品店。在装饰精美的珠宝店里，游客可以买到南珠、水晶、玳瑁等珠宝类特产；在各种土特产商店中，游客可买到椰雕、牛角雕、胡椒、椰糖、兴隆咖啡等海南特产。

解放路：解放路位于海口老城区，分为东、西两路，全线长约998米，过去是海口唯一的商业中心。解放东路最早叫永乐街，路边的建筑都是具有南洋风格的骑楼，是海口的娱乐中心和一个时代的见证；解放西路是在新中国成立后建成的，拥有百货大楼、邮电大楼、工人文化宫、工人影剧院等建筑，是海口最繁华的文化、商业中心之一。

小贴士

海秀大道是海口最繁华的一条商业街，云集了许多纪念品商店，有海南特产南珠、水晶、玳瑁等，买这些东西的时候要还价，最好有懂行的人陪同买，以免上当。

娱乐 文娱活动少不了

海口市休闲文化活动丰富多彩，具有悠久历史的经典琼剧、有地方独特印记的茶馆、风情的旅游文化展演等，都能让游客在此感受到海岛浪漫魅力与海口的城市品位。此外，海口市还具有休闲养生温泉、阳光滨海沙滩、高级高尔夫球场等各类休闲场所。

第2章

三亚旅游圈

三亚位于海南岛最南端，是中国最南端的热带滨海旅游城市。这里拥有海南岛最美丽的海滨风光，著名景点包括亚龙湾、三亚湾、天涯海角、鹿回头公园、落笔洞游览区、大东海风景区、南山文化旅游区、大小洞天风景区及西岛、蜈支洲岛海上乐园等。如果你有伴儿，三亚将满足你对一场饱含山盟海誓的恋爱的全部幻想；如果你是一个人，三亚也不会让你得空去嗟叹，你可以在亚洲潜水胜地蜈支洲岛海湾零距离观赏珊瑚礁，可以去热带雨林探奇，可以私享一场接一场的SPA盛宴，可以爬上观日岩等待日出、在“亚洲第一大道”椰梦长廊静候日落。在三亚，你将成为一个被大自然宠爱的孩子。

www.ytsail.com
21
21

三亚东部景点

1 三亚湾

二十里椰林画廊

游玩推荐：海上娱乐、黎族、苗族“三月三”节庆活动

三亚湾即三亚湾度假区，东起三亚港，西至天涯湾，绵延长达 22 千米。湾畔有滨海大道紧紧相依，椰树如带成为一条绿色画廊。放眼望去，玳瑁岛像一对情侣于海中相对而立。这里不仅风景秀丽，环境优美，空气清新，是旅游、观光的好去处，而且沙滩柔软，海水洁净，是开展游泳等海上休闲娱乐项目的绝佳处。

INFO

地址

三亚市河东区境内

交通

乘坐8、27等路公交在新城路口站下车

门票

免费

亲历者体验 FOLLOW ME

三亚湾每年农历三月初三会举办黎族、苗族“三月三”大型节庆活动，主要内容包括黎族、苗族艺术展、对歌比赛、万人同跳竹竿舞、篝火狂欢、主题晚会等，届时十分精彩、热闹；每年 11 月还会举办环岛国际公路自行车赛，很值得自行车爱好者体验。

2 椰梦长廊

环三亚湾修建的海滨风景大道

游玩推荐：热带植物园林、赶海拉网、海边晚霞

椰梦长廊是环三亚湾修建的一条著名的海滨风景大道，有“亚洲第一大道”之称。它长约 20 千米，毗邻大海。临海一侧为景观优美迷人的热带植物园林，与银色的沙滩、蓝色的大海相映成趣，组合成一幅色彩斑斓的长卷画图；另一侧是魅力四射的休闲度假区，布局巧妙，风格各异的园林式现代建筑林立，营造了优美的生态环境和度假氛围。

INFO

地址

三亚市环三亚湾海滨风景大道

交通

乘坐30路公交或机场巴士1线在绿海田园站下

门票

免费

亲历者体验 FOLLOW ME

这里最大的特色在于东临港口，傍晚可以赶海拉网，更可以观看美丽的海边晚霞。日落时分，红霞满天，还可以听到渔民拖网铿锵有力的喊海节奏声，可以体验真实的渔家生活。岸上绿树带有著名的二十里椰林画廊。放眼望去，东、西玳瑁洲（俗称东岛、西岛）两座小岛浮于海中，相邻而望。椰梦长廊西边的海坡度假区，沙滩质地柔软，海水洁净，是游泳的好去处。

3 东瑁洲岛 碧海青天的美丽岛屿

游玩推荐：乘游艇游海、远海垂钓、潜水

东瑁洲岛坐落于三亚的近海海域，与西瑁洲岛交相辉映，由于两个小岛的形状就像两只昂首前行的巨鳌，所以被称为东、西瑁洲岛。东瑁洲岛游人不能登岛，但可以乘游艇游览景色迷人的东岛外海，观两岸旖旎风光，享受远海休闲垂钓，还可以烧烤、潜水等，从多角度听海、看海、玩海，享受一个美好的假期。

INFO

地址

三亚市三亚湾南部海域，距陆地约5.5千米

交通

坐游艇可到东瑁洲岛外海

门票

免费

亲历者体验 FOLLOW ME

东瑁洲岛的面积并不大，只有0.83平方千米的土地面积。20世纪50年代以前，美丽的东瑁洲岛一直沉寂在浩瀚的南海中，光秃秃的礁石裸露在炙热的骄阳下。岛上生活艰苦，没有淡水水源，一直以来不具备在岛上生活的基本条件，被过往的渔民称为“火岛”“风岛”“荒岛”。

4 凤凰岛

海上度假天堂

游玩推荐：海南第一高楼、奥运主题公园

凤凰岛原来是亚龙湾中的一片天然礁盘，凤凰岛便是在此基础上围海吹填而成的人工岛。岛屿依势而建，“水中有岛，岛中有水，水中复有岛，岛中复有水”，是一座独特的岛屿。其占地面积约 36.5 万平方米，三面依托山景，四面临海，仅有一座跨海观光大桥与陆地相连。岛四面都有著名的景点，拥有着得天独厚的山海旅游风光，是海上娱乐、水上运动和全季候度假旅游的好去处。

INFO

地址
三亚市三亚湾度假区凤凰岛

交通
乘坐18路公交可到

门票
免费

开放时间
岛上的娱乐项目营业时间9:30~17:00

亲历者体验 FOLLOW ME

岛上有海南第一高楼超星级酒店、超星级的国际养生度假中心、别墅商业会所、海上风情商业街、国际游艇会所、奥运主题公园和凤凰岛国际邮轮港等诸多的去处，为三亚旅游增添了更多的风采。

5 三亚河

三亚市区的起源地

游玩推荐：三亚河步行桥、成群的白鹭

三亚河是三亚市区的起源地，由六罗水、半岭水、水蛟溪三条河组成，在三亚港注入大海。这里河面宽阔，河水清澈，再加上河中白鹭翔集，两岸绿树成荫，可以说景色如画、美轮美奂，堪称三亚市最美风光的所在。此外，这里气候宜人，空气清新，是游客休闲、观光的好去处。

INFO

地址
三亚市三亚河

交通
在三亚市内乘坐旅游专线车可到三亚河

亲历者体验　FOLLOW ME

三亚河步行桥全长约 250 米，连接着河西路和河东路，是专门为观赏三亚河胜景而建的观景步行桥。步行桥周围景色秀美，是观光和休闲的好去处，而到了晚上后，它本身因为镶嵌有美丽的灯光彩带而成为一道迷人的夜景。

6 鹿回头山顶公园

情爱文化的主题公园

游玩推荐：鹿回头雕像、观日出日落、品尝红椰子

鹿回头山顶公园因一个美丽动人的传说而得名，山顶公园根据美丽的传说在山上雕塑了一座高约 12 米，长约 9 米，宽约 4.9 米的鹿回头雕像，三亚市也因此被人们称为“鹿城”。这里山岬角与海浪辉映，站在山上可俯瞰浩瀚的大海，远眺起伏的山峦，三亚市全景尽收眼底，景色极为壮观。公园曲径通幽，顺着山势建有哈雷彗星观测站、白色的听潮亭、红色的观海乾、情人岛，此外还有猴山、鹿舍、黎家寮房、龟鳖天堂、游鱼仙池等。山上鲜花四季盛丌，姹紫嫣红，异彩纷呈，更可喜的是，还可以品尝到海南椰子中的珍品——红椰子。

INFO

地址
三亚市吉阳区鹿回头半岛内

交通
乘坐机场巴士或26路公交车可直达

门票
42元

开放时间
7:30~21:00

亲历者体验　FOLLOW ME

1. 鹿回头还是登高望海和观看日出日落的好去处，在山顶可以俯瞰市区和小东海的全貌。晚上站在三亚湾以鹿回头的灯光为背景照相不错。

2. 每年天涯海角国际婚庆节期间，情侣们必定会来到这里海誓山盟，情定终身。

3. 每年的中秋之夜，都要在鹿回头公园举行丰富多彩的庆祝游园活动“鹿山赏月大会”。还有传统的灯谜会、民间舞狮大会、月饼展销大会、品茗会等。

鹿回头的美丽传说

相传，古时候有一位黎族青年头束红巾，手持弓箭，从五指山追赶一只美丽的坡鹿来到南海之滨，前面山巅悬崖下便是茫茫大海，坡鹿无路可走。青年正要张弓搭箭，忽见烟雾腾空，火光一闪，坡鹿蓦然回首，在九色的光晕中变成一位美丽的黎族少女，刹那间感动了黎族青年，于是两人倾心相爱并结为恩爱夫妻定居于此。此山因而被称为“鹿回头”，成为青年男女海誓山盟的情山。

7 情人湾

被誉为“海赐白金堤”

游玩推荐：月牙状海滩、海钓踏浪、深潜

情人湾又名鲸息湾，因位于三亚爱情山——鹿回头山脚下而得名，与三亚湾遥遥相对而更向南蜿蜒远离市区，它属于珊瑚保护区，是一片小而平静的海湾。情人湾有大小十多个月牙状海滩，各具特色，数千米白金沙滩，沙粒细软洁白，被誉为“海赐白金堤”。

INFO

地址
三亚市鹿回头山脚下

交通
乘坐3、41路公交在国宾馆站下

门票
免费

8 珊瑚礁自然保护区

保护海洋生物多样性的重要海区

游玩推荐：珊瑚众多、水上娱乐

珊瑚礁自然保护区位于三亚市鹿回头半岛沿岸、东西瑁洲、亚龙湾海域，海陆总面积约为 85 平方千米，其保护对象为珊瑚礁及由珊瑚礁构成的典型热带海洋生态系统与海洋生物物种。区内生物资源丰富，是保护海洋生物多样性的重要海区，根据自然保护的需要而划分为核心区、缓冲区和试验区，对核心区内的珊瑚礁资源采取绝对保护措施。

INFO

地址
三亚市市辖区亚龙湾国家旅游度假区

交通
乘24路公交在亚龙湾海底世界站下

9 白鹭公园

白鹭的天堂

游玩推荐：白鹭湖、众多的白鹭

白鹭公园是三亚市区唯一的公园，也是一个以热带淡水湖泊湿地、红树林为风景特征的湿地公园。公园中央为白鹭湖，这里是白鹭的栖息地，在公园里，随处可以看到湖边河边悠闲散步的白鹭。

INFO

地址

三亚市东部临春河畔

交通

乘坐50路公交可到

门票

免费

10 美丽之冠 为世界小姐总决赛而建的比赛会场

游玩推荐：会展表演、美丽博物馆

美丽之冠即美丽之冠文化会展中心，呈椭圆形，是为 2003 年在三亚举行的第 53 届世界小姐总决赛而专门兴建的会场。它由会展表演、美丽博物馆两大功能区组成，可容纳 4000 余名观众，因成功举办了 4 届世界小姐总决赛而蜚声中外，被誉为世界小姐的诞生地，现已成为三亚著名的地标性建筑。整个剧场大厅金碧辉煌，流光溢彩，美轮美奂，令人目不暇接，非常具有建筑艺术价值和欣赏性。

INFO

地址

三亚市新风路 299 号

交通

乘坐 9 路公交车可直达

开放时间

演出时间 18:00~21:40

了解历史掌故

世界小姐评选活动创办于 1951 年，与美国“环球小姐”和日本“国际小姐”并称为世界三大选美盛事。评选从形体展示、才智比拼等多方面考察选手的综合素质。

11 凤凰岭海誓山盟景区

登高望远，三亚的山、海、城、天一览无余

游玩推荐：欧式缆车、360 度悬挑式观景长廊、远眺三亚

凤凰岭海拔约 400 米，是全三亚市的制高点。坐落于市区凤凰路一侧，是三亚市唯一能够全览“四湾一景”、城市建筑和地貌景观的山顶公园。景区以其独一无二的绚烂夜景、神秘秀丽的热带雨林、壮美开阔的海岸风光、厚重和美的凤凰文化为特色。该景区引进世界上最豪华的欧式空中客运索道缆车，该索道是中国南方地区投入最大，风景最好的空中索道，缆车缓缓上升，三亚如一巨幅画卷，徐徐展开，整个城市尽收眼底。

INFO

地址
三亚市凤凰路山水国际路口前行约1.5千米（美丽之冠对面）

交通
乘坐55路公交车可达

门票
106元（含高空索道）

12 千古情景区

集主题公园、文化演艺于一体的景区

游玩推荐：歌舞秀、小表演、浓郁的民俗风情

千古情景区包括了三亚千古情主题景区和大型歌舞秀《三亚千古情》两部分。主题景区以丰富的仿古建筑为主，营造了浓郁的民俗风情，不时穿插的小表演极富乐趣，而这里最值得一看的则是震撼人心的歌舞秀。景区主要有崖州古城、大象谷、黎村、苗寨、南海女神广场等。

INFO

地址
三亚市迎宾路 333 号宋城旅游区内

交通
乘坐 7、9 路公交车至东岸村站下

开放时间
12:00~21:30

门票
贵宾席演出票 300 元（含门票）

亲历者体验 FOLLOW ME

三亚千古情大剧院区，涵盖了泼水广场、崖州历史文化展览馆、三亚千古情大剧院等展现三亚万年文化历史的歌舞表演展示区；黎村苗寨区，不仅可以感受到原汁原味的传统黎村苗寨文化，还有惊险刺激的山上花黎攀爬探险区。此外，景区每年有多个主题活动季，传统民俗活动不断，有黎族“三月三”、锅庄狂欢节、泼水节等，还有抛绣球招婿、阿月出浴、仙女下凡等各类外景互动演出，精彩纷呈。

13 海坡度假区

融海景、椰林、豪华酒店为一体的海边度假区

游玩推荐：赏晚霞落日、沙滩浴

海坡度假区位于三亚湾的西部，沙滩质地柔软，海水洁净，是著名的旅游度假胜地。度假区的海滩上建有各种造型的亭台，散放着躺椅，供人们观海和休闲。海边的绿树、草坪、椰林等与各家酒店茂密的花木融为一体，把蔚蓝的大海、雪白的浪花映衬得更加妩媚。傍晚时分在海滩边欣赏晚霞是最具情调的事情，当火红的落日在海平面上展现，天际海鸟蹈着金灿灿的阳光迎面飞来，其情其境，呈现一种惊心动魄的美。

INFO

地址

三亚市椰梦长廊与天涯海角景区之间

交通

乘8路公交车在海韵酒店站下车即到

14 亚运会南端点火台

与天涯海角景区遥海相望

游玩推荐：远眺天涯海角

亚运会南端点火台所坐落的山头与三亚凤凰国际机场跑道遥相对望。1990 年 8 月 23 日，第十一届亚运会火炬南端点火仪式在这里隆重举行。该台建筑面积约为 1500 平方米，高约 14.3 米。站在南端点火台，海边不远的天涯海角风景区尽收眼底。极目远眺，只见海天一色，南海浩瀚无边，渔帆点点，使人心中豁然开阔。

INFO

地址

三亚市凤凰国际机场附近，距三亚市区约8千米

交通

乘坐 14、25等路公交在天涯海角站下

15 亚龙湾

有“天下第一湾”之称

游玩推荐：海上运动、潜水、亚龙湾商业街

亚龙湾是海南最南端的一个半月形海湾，绵延千米的海滩平缓宽阔，三面有青山环抱，气候温和，风景如画，被誉为“天下第一湾”。

亚龙湾年平均气温 25.5℃，冬季海水最低温度 22℃，适宜四季游泳和开展各类海上运动。这里有蔚蓝的天空、明媚的阳光、清新的空气、连绵的青山、多姿的岩石、幽静的树林、清澈的海水和洁白的沙滩，海岸线上椰影婆娑，各具特色的度假酒店错落有致地分布于此，又恰似一颗颗璀璨的明珠，把亚龙湾装扮得光彩照人。

INFO

地址

三亚市区东南约28千米处田独镇六盘路附近

交通

乘坐15、24等路公交在蝴蝶谷站下

门票

亚龙湾蝴蝶谷33元；玫瑰谷60元；亚龙湾热带天堂森林公园140元

亲历者体验 FOLLOW ME

1. 游客在亚龙湾旅游时，一定要注意安全问题，不可擅自进入深海区潜水。此外，也不要随便捕捉蝴蝶和打捞海洋动物，要养成爱护生态的好习惯。

2. 在亚龙湾，可以吃到丰富的海南美味，其中以亚龙湾商业街和百花谷为美食荟萃地，而周边村镇的农家乐餐厅也很受游客欢迎。

3. 亚龙湾各大酒店及旁边小路都可免费进入海滩。

4. 公众沙滩上，有本地居民出租躺椅和阳伞。

了解历史掌故

亚龙湾国家旅游度假区，东南距三亚市约 25 千米，面积约 18.6 平方千米，是我国唯一具有热带风情的国家级旅游度假区。它集滨海公园、海底观光世界、海上运动中心、度假村、高尔夫球场、游艇俱乐部、会议中心、高级宾馆、豪华别墅等项目和设施为一体，融海洋、沙滩、阳光、绿色、新鲜空气五大现代旅游要素于一身，可以和世界上任何一处热带滨海旅游度假胜地相媲美。

16 亚龙湾热带天堂 滨海山地生态观光

游玩推荐：俯瞰亚龙湾、高山榕、蝴蝶

亚龙湾热带天堂是电影《非诚勿扰 2》在海南的主要取景地，整个环境呈现热带风格，树木繁多茂密，是很原始的热带自然风格。爬到最高峰，可以俯瞰亚龙湾。园内“树中之王”高山榕，还有另类的藤竹等，都是山中不可错过的景观，还能时不时地见到蝴蝶在你身边扑闪，极尽野趣。亚龙湾热带天堂森林公园分东园和西园，整个公园是步行加车行结合的，景区门票已经包括了游览车的费用。一般从西园入园，门口就有游览车的候车点。

INFO

地址

三亚市东南方向约25千米处，即亚龙湾国家旅游度假区两侧山体

交通

乘坐24、25等路公交到亚坤山庄站下

门票

175元（含景区交通）

开放时间

8:00~17:30

亲历者体验 FOLLOW ME

1. 雨林登山探险游览线：东区的西大门为起点，沿途经过飞来石、长舌妇、仙人洞、荔枝园、望山石等，最后达到主峰红霞岭山顶园区和大佛石。全长包括支线约 8 千米，以石阶、木栈道为主构成，有一定体力强度。

2. 山海林天景观游览车路线：以西大门为起点，乘坐观光车，沿围凤岭、竹络岭、飞龙岭山腰、山脊盘旋而上直至红霞岭主峰。

3. 滨海山地森林度假游览线：是连接各度假区域的游览线，适合于入住各度假村的客人，以游步道、观光车道将各度假区域、度假村与公园各景区联系起来。

17 亚龙湾国际玫瑰谷

亚洲规模最大的玫瑰谷

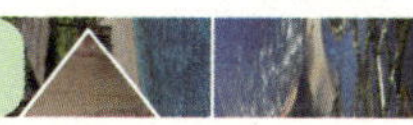

游玩推荐：赏不同品种玫瑰花

亚龙湾国际玫瑰谷总占地约 1.84 平方千米，是以“玫瑰之约，浪漫三亚”为主题，以农田、水库、山林的原生态为主体，以五彩缤纷的玫瑰花为载体，是集玫瑰种植、玫瑰文化展示、旅游休闲度假于一体的亚洲规模最大的玫瑰谷。

INFO

地址
三亚市吉阳区亚龙湾旅游度假区

交通
乘坐27路公交到玫瑰谷站下，步行即到

门票
60元

开放时间
7:30~17:30

18 亚龙湾海底世界

拥有丰富多彩的硬珊瑚、热带鱼类

游玩推荐：赏各种海洋生物、水下运动

亚龙湾国家旅游度假区，不仅拥有中国最迷人的海湾、沙滩，而且在其附近海域拥有世界上最大、最完整的软珊瑚族群及丰富多彩的硬珊瑚、热带鱼类等海洋生物，是中国乃至世界开展海底观光旅游的最佳景区之一。亚龙湾海底世界已建成包括海底世界半潜观光、美人礁水肺潜水、海底漫步、深海潜水摩托、香蕉船、拖曳伞、徒手潜水、玻璃观光船、快艇观光、摩托艇、冲浪飞车、沙滩摩托车、沙滩浴场等娱乐项目，还有与之配套的海底世界沙滩酒店。

INFO

地址
三亚市吉阳区亚龙湾旅游度假区

交通
乘坐24路在海底世界站下

门票
免费开放。参加水上项目另外收费

19 野猪岛

有巨石形似野猪

游玩推荐：怪石嶙峋、潜游

野猪岛位于海南三亚市东南部的亚龙湾南面，距海岸两海里的海面上有一个约一平方千米的小岛，名叫野猪岛，岛上怪石嶙峋，其中有一块巨石形似野猪，因而得名。游人只要乘上出租游船（艇），几分钟便可达该岛。

INFO

地址
三亚市东南部的亚龙湾南面

交通
乘船前往

20 大东海旅游区

水上运动的乐园

游玩推荐：潜水、水上运动、海鲜

大东海旅游区是三亚最早被开发，最具规模的热带滨海度假区，素有“福如东海”之渊意。大东海是进行潜海观光、海水浴、阳光浴的理想之地，设有海滨浴场、嬉水乐园、观光潜艇、潜水和跳水基地。景区内海滨度假旅游设施集中而配套，有嬉水乐园、旅游潜艇码头、潜水和跳水基地等，可常年进行多种水上活动和沙滩运动。

INFO

地址

三亚市区约3千米处田独镇

交通

乘坐2、4、8路公交车可到

亲历者体验 FOLLOW ME

1. 在大东海饱尝海鲜十分方便，可打车到三亚市区各海鲜市场，也可选择酒店里的各式自助烧烤和望海酒吧，沿海滩边还有各式风情餐吧。

2. 大东海旅游区免费参观，可自由随意出入，为了保证安全，游泳应在景区规定范围内。

3. 大东海潜水基地水深 4~16 米，一般游客潜水在 5 米左右的深度。只要身体健康，没有传染病、慢性病的人均可以学习潜水。潜水的最佳时间是中午太阳直射的时候，水底的透明度在此时最高。

4. 大东海除了海滨浴场外，还有高尔夫球会、大东海潜水、摩托艇、香蕉船、健康理疗中心等娱乐休闲项目。

5. 大东海的度假酒店集中在海滩边一小片区域内，推荐老牌五星级的湘投银泰或者经济适用型的爱丽丝海景酒店。

大东海的传说

传说大东海是三亚笔峰落笔洞黑龙戏水的地方，相传黑龙看中了大东海的晴空丽日、碧波万顷、风平浪静，央求南海龙王将大东海借给它戏水解闷，南海龙王同意了。谁知黑龙一来便带来台风，弄得大东海浪高流急，影响人们生活，于是，南海龙王只准黑龙偶尔来活动活动筋骨。

21 扬帆游艇俱乐部

拥有多艘豪华钓鱼游艇的钓鱼俱乐部

游玩推荐：垂钓、潜水

扬帆游艇俱乐部拥有多艘三亚目前最快的豪华钓鱼游艇，艇上置垂钓鱼台、空调。钓鱼设备一应俱全，安全舒适，方便快捷。每年接待了上万名国内外游客和钓鱼爱好者，探明了多处优良的钓点，推出有岛屿垂钓、矶钓、远海垂钓、深海精品潜水等多种海上娱乐项目，此外俱乐部有经验丰富的船长和钓鱼辅导员。

INFO

地址
三亚市大东海景区

交通
乘坐3、19公交在南海山庄下车即到

22 小东海旅游区

具有优质海水和沙滩的潜水胜地

游玩推荐：珊瑚礁、浮潜

小东海是位于大东海西南的一处小海湾，有着椰林、干净的沙滩、清澈的海水，比起大东海和亚龙湾，这里保持了更为宁静的环境。小东海海域是国家级珊瑚礁保护区，海底有美丽丰富的珊瑚族群和热带鱼。不过小东海的沙滩礁石比较多，沙质也相对大东海粗一些，所以很多区域不适合游泳，来浮潜是不错的选择。

INFO

地址
三亚市鹿回头开发区

交通
在三亚市区乘坐26路公交车在洲际酒店站下，步行可到

门票
免费

23 龙虎园

国内最大的孟加拉虎和鳄鱼饲养园

游玩推荐：孟加拉虎、泰国民俗表演、骑大象

龙虎园建有生态科技馆、大象表演馆、老虎表演馆、鳄鱼表演馆、智猪表演馆、热带兰花花园、特色产品购物商场等。园内动植物资源丰富，目前饲养着300多只孟加拉虎和约1.1万条暹罗鳄鱼，繁育30多种花色的三角梅约5万株，并培育了黄花雨、鸡冠刺桐、蓝花樱、开心果、大叶龙、台湾软木等树种6万多株。

INFO

地址

三亚市田独镇榆红村以西

交通

乘坐微 2 路公交在青年驾校站下

开放时间

8:00~18:00

亲历者体验 FOLLOW ME

1. 骑大象逍遥游：在龙虎园可以不走路，不乘车，骑着大象潇洒巡览整个园区。

2. 与动物合影：在龙虎园可以与小鳄鱼、虎宝宝和大象任意合影，怀抱着小鳄鱼、虎宝宝、大蟒蛇、骑着大象照相，一定会感到从未有过的惊奇。

3. 观看泰国民俗风情文化表演：景区内有地道的泰国民俗表演，不出国门便能感受到浓浓的东南亚风情。

24 珠江南田温泉度假区

都市人的梦幻之地

游玩推荐：飞瀑池、中药池、小鱼温泉

珠江南田温泉度假区是三亚知名度较高的温泉区，属于低温温热矿水，矿化度很高，对人体多种疾病有特殊的辅助疗效。这里依山傍水，温泉分布在天然椰林中，环境优美。南田温泉共有 34 个温泉池，其中不乏一些特色泡池。在飞瀑池，会有水柱敲打脊背，具有按摩的感觉；中药池，泡浸十二种中草药，具有浓郁的草药味道，还可放松心情；情侣池，是用绿篱相隔，可以尽享二人世界。这里的小鱼温泉更是受欢迎，可以享受小鱼啃掉身体的快感。

INFO

地址

三亚市藤桥镇南田农场内

交通

乘坐海棠湾 1 路公交在南田温泉站下，步行可达

开放时间

8:30~23:00

亲历者体验 FOLLOW ME

1. 建议避开节假日，尤其是春节。春节期间人非常多，有时毛巾会不够用。
2. 南田温泉只在入口提供一条大浴巾，需要注意温泉内是没有浴巾可供替换的。
3. 建议秋冬季不能下海的时候去，温泉温度较高，夏天容易中暑。
4. 建议自带干粮，因为景区餐饮较贵。

南田温泉度假区的特色

1. 特色服务：园内有着黎族、苗族特色的文化环境，有热心的服务；2. 特色美食：园林果蔬、农家风味、池畔烧烤及茶吧，都是这里的特色；3. 观光：除了泡温泉外，还有佛像水文化广场、青蛙王子天地、天浴别墅、露天风吕、椰林仙踪、神泉大桥、碧湖绿岛等景点；4. 阳光：可以在木屋中享用阳光大餐，体验完美组合；5. 芳香水疗 SPA：在视觉、嗅觉、味觉、听觉、触觉的感官冲击下，达到身心灵的绝对放松。

25 蜈支洲岛旅游区

我国最重要的潜水基地之一

景区等级：AAAAA 级　　游玩推荐：观日岩、潜水、水上运动

蜈支洲岛全岛呈不规则蝴蝶状，面积约 1.48 平方千米，是个袖珍小岛。岛上有观日岩、妈祖庙、情人岛、观海长廊、百鸟园等景点。临海山石嶙峋陡峭，惊涛拍岸，蔚为壮观。中部山林草地起伏逶迤，绿影婆娑。北部滩平浪静，沙质洁白细腻，是世界上唯一没有礁石或者鹅卵石混杂的海岛。这里海水能见度高，水下世界绚丽多彩，是我国最重要的潜水基地之一，同时，还是进行摩托艇、香蕉船、水上降落伞等水上活动的好地方。

INFO

地址
三亚市海棠区蜈支洲岛

交通
乘坐海棠3号在海晏别墅站下，步行可达

门票
136元（含往返船票）

开放时间
全年 8:00~18:30（最晚入园 16:00）

了解历史掌故

岛东、南、西三面漫山叠翠，多种原生植物郁郁葱葱，不但有高大挺拔的乔木，也有繁茂葳蕤的灌木，其中不但有从恐龙时代流传下来的沙椤这样的奇异花木，还生长着迄今为止地球上留存下来最古老的植物，号称“地球植物老寿星”的龙血树，寄生、绞杀等热带植物景观随处可见。

亲历者体验 FOLLOW ME

1. 游玩前可以先查看天气情况和游客数量预测（官网有查询），挑选合适的游玩日期。

2. 由于阳光强烈，太阳镜、帽子为必带物品，女性记得携带防晒霜；另外最好准备一些防蚊虫药水和晕车、晕船药。

3. 冬季岛上温差较大，白天可视天气情况着单衣。在岛上过夜的话需要准备外套，以免着凉感冒。

4. 岛上不允许搭建帐篷，如要住岛，可以选择岛上酒店。

情人岛的传说

很久以前，一个年轻人在海上打鱼时遇险漂流到了一个荒岛上，遇到了因为贪玩跑出来的小龙女，他们非常投缘，便过起了幸福的生活。

但在小龙女告诉了龙王此事之后，龙王却不同意，并关起了女儿。小龙女思念年轻人，便趁看守不备时跑了出来，龙王很快就知道了，在后面紧追不放。眼看着这对痴情男女就要相拥了，在后面紧紧追赶的龙王大怒，大喊一声，用了一个定身术，将两人变成了两座大石头。人们为了纪念这对痴情男女，把这里叫作情人岛。

26 蜈支洲岛情人桥

情侣观光的好去处

游玩推荐：情侣拍照留念、牵手过桥

牵着情人手，走向湛蓝的大海。蜈支洲岛情人桥，原是座铁索桥，是当年守岛部队的海上瞭望点。走在摇摇晃晃的铁索桥上，需要几分胆量和机灵。有些游客既想过桥到瞭望点里体会一下，又怕掉进海水里，过桥时紧紧抓住朋友的手不放，因此这桥又被戏称为“情人桥”。后来蜈支洲岛为客人安全着想，故将原来的铁索桥改造成现在的木板桥。

INFO

地址

三亚市海棠区蜈支洲岛

交通

乘坐海棠3号线在海棠湾广场站下，步行可达

开放时间

8:00~18:30

27 凤凰花海

中国唯一的冬季大地花海休闲体验区

游玩推荐：畅游花海、品花草茶、制作手工皂

凤凰花海位于三亚海棠湾，春节期间，凤凰花海中的花卉达到盛花期，届时可以欣赏到粉红色波斯菊，紫色浪漫的薰衣草，金色萱草、万寿菊、千日紫等。在赏花的同时，还

可以在花田间品鉴沁人心脾的花草茶，体验亲自动手制作的精油手工皂，拍摄浪漫的婚纱照片，欣赏独特的凤凰园艺花雕等，感受大自然的无限乐趣。

INFO

地址

三亚市海棠湾林旺镇

交通

乘坐23路公交车在水稻公园站下可到

开放时间

每年1月28日~2月28日左右，全天开放

28 海棠湾

游玩推荐：豪华酒店、温泉

海棠湾是三亚五大名湾之一，有超多豪华酒店，拥有私家海滩。它少了城市的喧嚣与繁闹，多了份原始生态的美与安宁。这里的海滩沙子没有亚龙湾细腻，水质也较亚龙湾差些，优点在于有许多新建的豪华酒店，国际连锁的高端品牌不计其数。海棠湾内主要景点有珠江南田温泉、铁炉港、伊斯兰古墓群、蜈支洲岛、椰子洲岛等。

INFO

地址

三亚市海棠区海棠湾

交通

乘坐海棠湾1路在林旺市场站下步行可达

门票

免费

29 槟榔河国际乡村文化旅游区

有目前中国最大的黎族文化展览馆

游玩推荐：黎族传统文化展览馆

槟榔河位于三亚市凤凰路以北约 1 千米处，南抵西线铁路，北达水源池水库，地处水源池水库下游，槟榔河两岸。景区内的黎族传统文化博览区，目前是中国最大、内容最翔实的黎族传统文化展览馆，馆内不仅有图片、实物静态文物展览，还有织锦、打柴舞、钻木取火等动态文化展示。

地址
三亚市天涯区槟榔村

交通
乘坐49路公交车至槟榔河景区站下

开放时间
8:00~17:00

30 凤凰京润珍珠馆

中国首家珍珠博物馆

游玩推荐：海水珍珠王

凤凰京润珍珠馆成立于 1999 年 12 月，由海南京润珍珠有限公司投资建造，是我国第一家大型珍珠博物馆。京润珍珠馆集中展示珍珠的历史与文化、珍珠的养殖与加工过程、珍珠的分级与鉴赏、珍珠的用途。馆内设 8 个展厅，能观赏中国最大的海水珍珠王、中国最大的天然珠、世界最古老的珍珠、世界十大名珠及产自世界各地的珍珠。

INFO

地址
三亚市天涯区凤凰机场路口西侧

交通
乘坐16路公交车至凤凰京润珍珠馆站下

门票
免费

开放时间
8:00~17:30

珍珠

珍珠是一种古老的有机宝石，是由软体动物（主要是牡蛎）生产的硬的、圆滑的产物。由内分泌作用而生成的含碳酸钙的矿物（文石）珠粒，是由大量微小的文石晶体集合而成的。具有瑰丽色彩和高雅气质的珍珠，象征着健康、纯洁、富有和幸福，自古以来为人们所喜爱。根据地质学和考古学的研究证明，在两亿年前，地球上就已经有了珍珠。珍珠具有安神定惊、明目去翳、解毒生肌等功效，现代研究还表明珍珠在提高人体免疫力、延缓衰老、祛斑美白、补充钙质等方面都具有独特的作用。

31 小鱼温泉

鱼疗养生温泉

游玩推荐："亲亲鱼"温泉鱼疗

小鱼温泉距凤凰机场约 3 千米，距市区不到 15 分钟车程，交通便利。温泉占地约 1.6 万平方米，椰林婀娜、田园环抱，因其独具特色的"亲亲鱼"温泉鱼疗而闻名。小鱼温泉开创了"人鱼共浴温泉"的独特历史篇章，是全国第一家鱼疗养生温泉。

INFO

地址

三亚市凤凰镇水蛟村

交通

乘坐13路公交车在小鱼温泉站下，步行可达

32 落笔洞

海南岛最早的人类居住遗址

游玩推荐：溶洞奇观、古人类活动遗址

落笔洞风景区为天然石灰岩溶洞，在绿林遮空，鸟鸣山林的印岭，大小石灰岩溶洞数不胜数，形状千奇百怪。洞口高约 12 米，深约 18 米，洞中央有两根钟乳垂吊，形如巨笔悬空。传说古时笔尖水滴不断，人若以手接此水，便会文思敏捷，下笔成章。洞底地上数块形如砚台的大石块，传说是神仙用的笔砚，两根"巨笔"已遭到破坏，现洞顶仅存半截残迹。此外，1992 年 3 月考古学家在落笔洞发现一万年前的三亚遗址，将海南岛人类活动历史推到了一万年前，落笔洞也成为目前发现的海南最早的人类活动遗址。

INFO

地址

三亚市荔枝沟镇印岭

交通

乘坐 6 路或 7 路公交车在万科森林站下，步行可达

33 锦母角

真正意义上的“天涯海角”

游玩推荐：海上运动、锦母角灯塔

锦母角是未开发的处女地，近年来却受到海上运动爱好者的青睐，并成为婚纱拍摄的取景地。因为这里三面临海，一面是山，是真正意义上的“天涯海角”。这里是中国版图上大陆架的最南端，除了海天一线间那座孤零零的灯塔，人迹罕至。这里的标志性建筑锦母角灯塔，放眼望水天一色、烟波浩渺，有很多美丽的风光不为人知。

INFO

地址

三亚市六道镇

34 西沙群岛

流动的蔚蓝绸缎

游玩推荐：永兴岛、东岛、七连屿

西沙群岛位于海南岛东南约 180 海里处，是我国南海诸岛四大群岛之一，与东沙、中沙、南沙群岛组成中国最南端的疆土。西沙群岛主要由永乐群岛和宣德群岛组成，这片大大小小的珊瑚岛屿群漂浮在 50 多万平方千米的海域上，美丽而纯净。群岛的第一大岛永兴岛，如一座热带植物园。那里热带植物丛生，四季繁茂；东岛素称“鸟的乐园”，岛上约有 6 万多只海鸟；由于远离大陆人迹罕至，沙滩绵白，海水洁净，最高能见度达到 40 米，七连屿就是最优良的潜水地。西沙群岛还有着连绵数千米的奇型珊瑚礁，附近的海域也生长着各种各样的海洋植物和鱼类。

INFO

地址

离海南岛330多千米的东南海面上

交通

从文昌的清澜港有西沙群岛的补给船“琼沙2号”起航前往西沙群岛

亲历者体验 FOLLOW ME

1. 永兴岛上大部分食品都靠船只海运供给。每月补给船到达永兴岛，全岛居民都会放假两天，去码头卸鸡、鸭、猪、土豆、黄瓜、邮件等物资。

2. 岛上的生活用水是经过处理的雨水，分为饮用水和洗涤用水。西沙群岛只有永兴岛上有几家餐馆，因为这里的居民基本上都吃单位的食堂，餐馆比较冷清，供应品种也少。永兴岛的西沙工委招待所供应一日三餐，必须遵守开饭时间。

3. 西沙群岛属台风多发地区，去西沙应避免在台风季节去。西沙群岛 5 月开始有台风，8~10 月风力最大。

4. 在西沙群岛手机没有信号，如果想和外界联系，只能到永兴岛上唯一的一个邮局打公用电话，或者 IC 卡电话。岛上也没有网吧。一定要带足现金，西沙的银行没有与内地联网，在那儿取不出款。

5. 西沙的紫外线格外强，最好备上 SPF40 以上的防晒霜。蚊香、风油精、治感冒、肠胃炎、晕船药等要随身携带。上岛船行驶在大海上有时会非常颠簸，晕船药是必不可少的。

6. 守岛官兵每过两年换一批，工作人员则是半年就换一批。岛上的战士平时只能收看电视和电台，书和 VCD 是送给他们的最好礼物。

去西沙的三种基本方式

第一种是在正规授权的旅行社报名，在海南几家旅行社，乘坐官方授权的“椰香公主”邮轮，前往西沙群岛。价格在 5000~10000 元，由于三等舱位的制约，5000 左右的仓位比较难订到。

第二种是乘坐补给船前往。但出行时间并不固定，乘船地点是在文昌清澜港，通常是每月的 28 日出发，从文昌清澜港出发的时间是第一天 17:00，第二天 8:00 左右到达，返回时间是第三天 17:00 出发，第四天 9:00 左右到达清澜港，从全国各地去到清澜港也不是很方便，船费约两千。还有三亚的补给舰，但均须审查办证。前往西沙旅游的游客要求 18 周岁以上 60 周岁以下，需要填写一份“中华人民共和国西沙旅游申请表”。这份申请表需要送西沙当地驻军政审。乘坐补给船也不是很大众化的出行方式。如有变动，以官方信息为准。

35 石岛

西沙群岛中最高的岛

游玩推荐：形状各异的礁石、远眺永兴岛

石岛在距海南岛 180 多海里的东南海面上，是西沙群岛中年龄最大的一位，它最起码已经有一万多岁了。石岛还是西沙群岛中最高的岛。西沙群岛中大多数岛是由珊瑚、贝壳等生物砂砾堆积而成，岩质比较松散，唯独石岛是由某些层状生物砂岩构成，岩质非常坚硬，而且它与别的层状生物砂岩的构造也有不同。一般的层状生物砂岩是底部比上部年代更久一些，石岛却截然相反，石岛的这种现象至今在科学上仍不能合理地解释。石岛离永兴岛只有几千米，两岛之间由一座人工筑成的堤坝相连，一大片珊瑚礁滩被包围在两岛之间，退潮的时候能清楚地看见水底的礁石，远看是蓝蓝绿绿、平平整整的一大片，但其实水底的礁石却是嶙嶙峋峋的。

INFO

地址

离海南岛330多千米的东南海面上

交通

从文昌的清澜港有西沙群岛的补给船"琼沙2号"前往西沙群岛

三亚西部景点

1 崖州古城

众多名人的流放地

游玩推荐：古城门、民国骑楼群、美食

崖州古城有我国最南端的古城，现尚留有明朝风格古城门（南门）、孔庙等遗址，还有明清民居建筑群，民国骑楼群等建筑文化遗产。唐宋以来历代名人被贬到此地，唐朝的鉴真和尚曾留下了一批准备带去日本的佛教经典，元代“纺织之母”黄道婆也曾到崖城水南村学艺。

如今崖州古城中的古骑楼虽斑驳残损，墙面剥落，花饰残缺，墙面屋顶树草滋生，但其建筑风格却赋予它极大的用处。沿街的骑楼长廊既可避风雨，防日晒，底层又可做店铺，楼上则住人，商业性十分突出。

INFO

地址
三亚市崖州区

交通
乘坐崖州7路公交在崖州中心小学站下车，步行即可到达

门票
免费

亲历者体验 FOLLOW ME

崖州古城的黎寨餐厅非常有特色，餐厅装饰多以茅草盖顶，木制墙裙，服务风格引入黎族待客风俗，清秀的黎家少女身着民族服装侍立两旁，态度热情。晚饭更有民族歌舞可以欣赏，椰盅、西瓜盅、竹筒饭、五色味饭，色香味美，更是洋溢着阵阵民风雅气。

了解历史掌故

几百年传唱不衰的崖州民歌和起源于崖城郎典村的黎族打柴舞，被列入首批国家非物质文化遗产名录。民间传承的黎族民歌、苗族民歌、苗族龙舞、纺织技术、竹编、藤编、金银首饰工艺、铁具打铸技艺、剪纸、木刻、石雕及迎神赛会等，都是崖州地区传统文化的精华。

2 大小洞天旅游区

琼崖第一山水名胜

景区等级：AAAAA 级　　游玩推荐：摩崖石刻、道教文化

大小洞天旅游区有奇特秀丽的海景、山景和石景，还有众多名人胜迹，蔚为奇观。自古以来被称为“海山奇观”，有“琼崖第一山水名胜”的美誉。现在的大小洞天旅游区以道教文化为主题，融热带风光、康复养生、休闲度假为一体。区内尚留有“小洞天”“钓台”“海山奇观”“仙梯”“仙人足”“试剑峰”等摩崖石刻，是海南重要的历史文化遗迹。

INFO

地址

三亚市区以西约 40 千米处南山西南隅

交通

乘坐 25 路公交车可到

门票

90 元

开放时间

7:30~18:30

亲历者体验 FOLLOW ME

1. 大小洞天每年农历二月初二都举行中国三亚龙抬头节，以道家仪式祭祀龙王，祭祀海洋，届时四面八方的百姓们都会来到这里祭海神求平安，非常热闹。

2. 自古以来，大小洞天就是人们登高怀秋的胜地，每年重阳之日，历代官贾百姓于此登高望远，抒怀铭志。

3. 小月湾休闲区背靠鳌山，面向南海，依山傍海建有沙滩吧、木屋别墅与帐篷营地，可以在此进行度假住宿、婚庆蜜月、婚纱摄影与露营拓展等活动。

了解历史掌故

历史上，曾有很多名人到访过此胜迹，如唐代高僧鉴真，宋代著名道士、“南宗”五祖白玉蟾，宋末元初女纺织家黄道婆等。如今景区内仍保留有多处历史遗迹及诗文摩崖石刻，像古迹“仙坛”“仙人足”“试剑峰”等。大小洞天所在的南山，是名副其实的中国最南端的山，被视为南海的“洞天福地”。山上集中分布有龙血树，最高树龄已达数千年，被喻为“南山不老松”。1962 年，郭沫若游览此景区后，对这里的山光海色赞不绝口，并写了《游崖县鳌山》一诗将其誉为“南溟奇甸”。

最佳旅游时间

大小洞天所处的位置是三亚乃至海南岛气温最高、最干旱的地区之一，因此冬季是这里最好的旅游季节。冬天和春天大小洞天气候宜人，适于爬山和海滩徒步；每年的 2~4 月，这里漫山遍野盛开的木棉花和刺桐花，在蔚蓝的大海和墨绿的南山衬托下让人精神一振。

3 南山文化旅游区

中国南部最大的佛教文化主题旅游区之一

景区等级：AAAAA 级　　游玩推荐：海上观音像、南山寺

人们可以在这里既能领略热带阳光、碧海、沙滩、鲜花、绿树的美景，更能获得佛教文化带来的心灵慰藉，体味回归自然的乐趣。南山文化旅游区是融热带海洋风光、中国佛教文化、福寿文化、历史古迹于一体的大型主题园区，由观音文化苑、慈航普度园、吉祥如意园、南山寺、长寿谷、南山湾（即“三园一寺一谷一湾”）组成。

INFO

地址

三亚市西南约 40 千米处的南山

交通

可乘坐 16、25、30 路公交车至南山寺站下车可到

门票

108 元

亲历者体验　FOLLOW ME

1. 南山拒烧高香和带大香入园，园区内各个佛教道场均免费赠香礼佛，不要在外面买香以免浪费钱财。

2. 南山文化旅游区内的自助餐厅，提供一二十种寺院素斋自助菜肴，都以豆制品和蔬菜为原料，很有特色。

3. 由于景区面积大，为节约体力和时间，可选择乘坐电瓶车游览，游览需 2~3 小时。

4. 长寿谷景区可登高望远，往返约 3 个小时，如果时间充裕，可以选择攀登。

了解历史掌故

南山文化旅游区是中国南部最大的佛教文化主题旅游区之一。南山历来被称为吉祥福泽之地，与佛教有着不解之缘。据佛教经典记载，观音菩萨为了普度芸芸众生，发了十二大愿，其中第二愿即是“常居南海愿”。唐代鉴真法师为弘扬佛法五次东渡日本未果，第五次漂流到南山，在此居住一年半之久并建造佛寺，传法布道，随后第六次东渡日本终获成功。旅游区正是依托南山独特的山海天然形胜和丰富的历史文化渊源建成。

世界最大的白衣观音像

观音圣像位于南山南麓的南海之中的金刚洲上，像高约 108 米，是世界上最大的白衣观音像。圣像体为正观音的一体化三尊造型，每一面观音手中所持之物都不一样，正面是持箧观音，右面是持珠观音，左面是持莲观音，分别寓意着智慧、慈悲、和平。

观音像脚踏一百零八瓣莲花宝座，莲花座下为金刚台，金刚台内是面积达 1.5 万平方米的圆通宝殿，圆通宝殿内的八根金刚护法柱每根直径为约 1.5 米，长约 21 米，直接承载着整个观音圣像的重量。

4 慈航普度园

集北方皇家园林的大气和南方园林的精致于一体

景区等级：AAAAA 级　　游玩推荐：观音阁、承露亭、耳根圆通石雕

慈航普度园是以展示观音文化为内容的景点，它围绕观音菩萨以其慈悲胸怀，将众生从生死苦海中普度到极乐世界为主线，讲述了观音菩萨普度众生的故事。“慈航普度园”中主要景点有观音阁、承露亭、滴水净瓶、耳根圆通石雕、东去西来百米长廊、真趣茶社、嘉言壁、照见壁、三谛桥、紫竹林、放生池等。

INFO

地址
三亚市南山文化旅游区（距离三亚市区约 40 千米）内

交通
可乘坐 16、25、30 路公交车至南山寺站下车可到

门票
包含在南山文化旅游区门票内

开放时间
8:00~17:30

5 南山金玉观音像

世界上最大的一尊金玉菩萨像

景区等级：AAAAA 级　　游玩推荐：金玉观世音像

南山金玉观音像是目前世界上最大的一尊金玉菩萨像，被海南人民骄傲地称为镇岛之宝，供奉在海南三亚南山文化旅游区内，是南山佛教文化苑中观音文化的重要组成部分。这尊举世闻名、精美绝伦的金玉观音像，既是具有民族风格和时代精神的造像珍品，也是当代工艺美术史和佛教造像艺术史上的稀世瑰宝。

INFO

地址
三亚市西南约 40 千米处的南山

交通
可乘坐 16、25、30 路公交车至南山寺站下车可到

金玉观音像高约 3.8 米，由观音金身、佛光、千叶宝莲、木雕须弥底座四部分组成，耗用黄金一百多公斤，南非钻石一百二十多克拉、翡翠一百多公斤，以及数千粒红蓝宝石、祖母绿、珊瑚、松石、珍珠等奇珍异宝，观音像采用世界手工艺之一绝的中国传统宫廷金细工敬造，由我国一代工艺美术大师们呕心沥血，历时两载创作完成。

6 长寿谷

长寿文化的体现

景区等级：AAAAA 级　　游玩推荐：寿文化长廊、石刻、铜制无量寿佛

长寿谷位于南山东麓，其地貌呈谷状纵伸，依攀山势，直冲云霄，谷线全长约 2300 米，其间鸟鸣不断、溪水常流、林木郁郁葱葱、岩石突兀奇特。设计者们巧用天然形胜，从不同角度，以“流动”和“静止”的状态揭示着传统“寿”文化的内核。其主要景观包括根据佛经中提到的有关观音就是无量寿佛之法身的记载而建造的 1.8 米高的铜制无量寿佛；代表谷中所流之水实乃救度众生之水的铜制皮袋流水尊者；刻有著名书法家启功先生所书之“寿比南山”的巨大石刻等。

INFO

地址

三亚市西南约 40 千米处的南山

交通

可乘坐 16、25、30 路公交车至南山寺站下车可到

7 天涯海角风景区

爱情栖息地

游玩推荐：刻字巨石、椰风海韵

天涯海角风景区位于三亚市区西南约 23 千米处，这里有美丽迷人的热带海滨自然风光，也有悠久独特的历史文化。它依山傍海，碧海、青山、白沙、礁盘浑然一体，宛若七彩交融的丹青画屏；椰林、波涛、渔帆、鸥燕、云霞辉映点衬，形成南国特有的椰风海韵。这里碧水蓝天一色，烟波浩瀚，帆影点点，椰林婆娑，奇石林立，刻有“天涯”“海角”“南天一柱”“海南南天”的巨石雄峙海滨，使整个景区如诗如画，美不胜收。

INFO

地址

三亚市天涯区马岭山下

交通

市内乘坐旅游专线巴士或开往“天涯”“南山”等地方的中巴车可到

门票

68 元

开放时间

7:30~18:30

了解历史掌故

清雍正年间崖州知州程哲在景区一海滨巨石上题刻了“天涯”二字，民国时期又在相邻的巨石上题写了“海角”二字，使这里成了名副其实的“天涯海角”。古时候海南交通闭塞，天涯海角是封建王朝流放“逆臣”之地。来到这里的人，来去无路，望海兴叹，故谓之“天涯海角”。

“天涯海角”的由来

韩愈是唐朝伟大的文学家、哲学家、思想家、政治家，一生著述甚丰，堪称“著作等身”。在韩愈所写的祭文里，有一篇最著名的叫《祭十二郎文》，其中有“一在天之涯，一在地之角”的句子。后来，人们将该句中的“天涯地角”引申成了“天涯海角”，借此来比喻非常遥远的地方。这就是“天涯海角”的由来。

8 西岛

海南第二大岛

游玩推荐：珊瑚、垂钓、珊瑚彩贝工艺品

西岛又名西玳瑁洲，与毗邻的东岛（东玳瑁洲）恰似在碧波中鼓浪而行的两只玳瑁，“波浮双玳”自古便是三亚的一道胜境。西岛全岛面积约 2.8 平方千米，居民世代以打鱼为生，由于远离城市，海水污染少，岛上风景秀丽，空气清新，沙滩柔和，海水清澈见底。环岛海域生长着大量美丽的珊瑚，保护完好，还有各种色彩斑斓的热带海鱼，宛如一个巨大的热带海洋生态圈。

INFO

地址

三亚市天涯区肖旗港码头

交通

乘坐 16 路、25 路、26 路等公交到西岛站下

门票

95 元

亲历者体验 FOLLOW ME

1. 旅游纪念品是岛上主要的加工业，渔家小院会堆放一些珊瑚石和彩贝，村民用他们做出各式的手链耳环等饰品，如喜欢可以买一些。

2. 在西岛的东面海域有一个钓鱼俱乐部，最大的一个垂钓平台面积 200 多平方米，可同时容纳 100 多人钓鱼，还有经验丰富的钓师随时进行指导帮助，钓上的鱼可以现场做成美味鲜汤或拿到岛上餐厅加工。

了解历史掌故

西岛位于西太平洋地壳构造不同发展阶段的大陆边缘区，它的底层构成与三亚市的底层构造上是一致的。峰峦变岛屿，平地卷波涛。与三亚的大陆架原本紧紧相连在一起的西岛，历经沧桑变迁，几经浮沉才变成了今天这么一个“孤悬海外、四无毗连”的海岛。东岛和西岛是一对脉脉相连的峰峦海岛。

玳瑁

西岛形似玳瑁，盛产玳瑁，和玳瑁有着不解之缘。玳瑁又叫文甲、十三棱龟等，体长60~170厘米，体重约为 45 千克。玳瑁是海洋中较大而凶猛的肉食性动物，经常出没于珊瑚礁中，主要捕食鱼类、虾、蟹和软体动物，也吃海藻。它的活动能力较强，游泳速度较快，上下颚强而有力，不仅能弄碎蟹壳，还能嚼碎软体动物的坚硬外壳。

9 南天热带植物园

集旅游和度假为一体的农林科技观光园

游玩推荐：热带雨林、山峦、溪瀑

南天热带植物园是以山峦、原始森林、碧海为景观骨架，以热带雨林、奇石、溪瀑、名贵兰花景观为主体，以先进的生态科技为支撑，以天人合一的生态文脉为特色，融游览观光、休闲健身、科普环保、学术研究等功能于一体的高科技生态旅游胜地。

INFO

地址

三亚市天涯区塔岭

交通

乘 16、25 等路公交在南天生态园站下可到

10 兰花世界

兰花的海洋，美丽的天堂

游玩推荐：兰花博览中心景观区、兰花文化长廊

INFO

地址

三亚市天涯区红塘高速路口

交通

55 路公交在兰花世界站下可到

兰花世界是世界上最大的热带兰花主题公园。兰花世界以兰花文化为主题，是一个集自然、古朴、观赏、休闲、生态教育等为一体的生态旅游休闲主题公园。园内有国内外各种兰花品种 3000 多种，共 200 多万株。园区结合中外造园的一些手法，通过上千种源自欧洲、非洲、南美洲及东南亚一带的名贵热带兰花品种，进行艺术点缀组合，展现出兰花生态的古典意境。园内主要分大门景观区、兰花博览中心景观区、野生兰谷游览区、兰花文化长廊等景观区，在不同的景区可以观赏到不同品种的兰花，让人品位不同风格的兰花盛宴。

11 水南村

海南著名的古文化村落

游玩推荐：盛德堂、晒经坡

INFO

地址

三亚市西约 45 千米崖城镇附近

交通

乘坐崖州 1 路、58 路等公交在水南村口站下，步行可达

水南村是海南著名的古文化村落，既是古崖州八景之一的所在地，又是一个“鱼米之乡”，历史上许多名人都与之有联系，元朝女纺织革新家黄道婆曾来此学艺，从唐代起，不少朝臣名士因被陷害流放到崖州而居住于此，因而又有“幽人处士家”之称。卢多逊曾赋诗赞美水南村：“珠崖风景水南村，山下人家林下门。鹦鹉巢时椰结子，鹏鸪啼处竹生孙。鱼盐家给无墟市，禾黍年登有酒糟。远客仗藜来住熟，却疑身世在桃源。”胡铨在此居住 10 年后，将回衡阳时，写下名为“盛德堂”的横匾。

12 崖城孔庙

中国最南端的孔庙

游玩推荐：大成殿、崇圣祠、尊经阁

崖城孔庙距离三亚市西 40 多千米处，建于明朝，庙中建有大成殿、文明门、崇圣祠、尊经阁。著名的唐高僧鉴真留下了一批准备带去日本的佛教经典，这是崖州文化史上带有神奇色彩的宝物。

INFO

地址

三亚市崖城镇

交通

乘汽车或包车前往

13 西沙海战烈士陵园

纪念西沙海战烈士而建

游玩推荐：陵园纪念碑、缅怀历史

西沙海战烈士陵园位于崖城镇内，距西线高速公路崖城出口处约 1 千米，建于 1975 年。是为纪念在 1974 年西沙海战中壮烈牺牲的战士而建的，其中有 5 位烈士被埋葬于此，这里也是海南省重要的爱国主义教育基地。

INFO

地址

三亚市解放路448号

交通

乘17路或者24路公交车在红沙隧道站下可达

亚龙湾

三亚旅游资讯

交通 自助游必须掌握的交通

外部交通

飞机

三亚凤凰国际机场是海南南部最大的国际航空港，位于市区西北部约14千米处的天涯区，1994年建成并正式通航，是国内大型运输机场和干线机场之一，航班正常率居全国民航之首。目前已开通上海、北京、天津、广州、成都、重庆等地的航线。疫情期间航班信息有所调整。

火车

三亚拥有西环、东环和粤海三条铁路。目前已开通三亚到北京、上海及海口到长沙、西安、成都等地的旅客列车。东环铁路为三亚一海口东对开路线，途经美兰国际机

场、文昌、琼海、博鳌、万宁、陵水等站，平日对开20多趟往返车次。

三亚火车站是东环铁路地面建筑面积最大的火车站，由三亚始发至海口，经由海口琼州海峡轮渡与中国内陆各省已实现铁路全线贯通。目前，已开通三亚至北京、广州、长沙等地的直达车次。

亚龙湾火车站位于三亚市环城路，是海南东环铁路的一个客运站，距三亚市主城区约12千米，被称为三亚的东大门。乘车到此站可方便前往亚龙湾景区。

汽车

三亚市目前有汽车总站、汽车东站、客运西站等几处长途汽车站。其中三亚市汽车总站位于三亚市中心，开通的班次可到达省内各城市和地区，还有发往广东、广西、湖南、江西等省份的长途客车。三亚市汽车东站位于三亚市榆亚路。三亚市客运西站位于三亚市金鸡岭街。

轮船

三亚拥有多个天然良港，包括三亚港、榆林港、鸿港、南山港、铁炉港、六道港湾等，其中主要客运港口有三亚港、三亚凤凰岛国际邮轮港2个。目前，一些著名国际邮轮和国内邮轮已在三亚港、三亚凤凰岛国际邮轮港这两个客运港开通了多班航次，为游客乘坐邮轮出行提供了极大的便利。

内部交通

三亚的公交车很多，各个景点也有公交可以到达，公交车票价采取阶梯票价，也就是基础票价2元，按路程增加，市区线路在2~12元不等，为自动投币或刷IC卡，要注意备好零钱。

住宿 驴友力荐的住宿地

三亚一年四季都适合旅游度假，出行前最好提前预订好住宿。一般情况下，大多数游客都会选择住在亚龙湾、大东海或三亚湾。此外，蜈支洲岛上的度假村也是宁静的“世外桃源”，很适宜度假。

住宿地推荐

酒店	地址
金茂三亚丽思卡尔顿酒店	三亚市亚龙湾国家旅游度假区
半山半岛洲际度假酒店	三亚市洲际路1号
万豪度假酒店	三亚市亚龙湾国家旅游度假区
文华东方酒店	三亚市榆海路12号
万达希尔顿逸林度假酒店	三亚市亚海棠湾海棠北路
海棠湾喜来登度假酒店	三亚市亚海棠湾海棠北路76号

美食 饕餮一族新发现

来到三亚这种最具椰岛风情的地方，海鲜和热带水果自然不可错过。三亚的第一市场和春园海鲜加工广场等都可以买到新鲜优质的海鲜，直接找店加工就可以尝到实惠的美味。三亚同样也能吃到海南经典的四大名菜，文昌鸡、嘉积鸭、东山羊和乐蟹。此外还有椰子饭、抱罗粉、清补凉等典型小吃，值得一试。

小贴士

三亚地区的餐馆选择颇多，实惠些可以去海鲜大排档，环境幽雅的酒店餐厅也可以品尝美味；想找具有情调的餐厅，不妨选择可以看到海景的景观餐厅，椰影摇曳、美景美食，可以留下浪漫的回忆。

购物 淘宝达人爱去的街店

在三亚能买到海南的各种特色产品。主要有椰子糖果、椰丝、椰子糕、椰子酱等椰子食品和椰壳雕刻手工艺品；贝壳、海螺等制成的工艺品；蝴蝶标本、牛角雕、水晶和珍珠饰品；以及水产、热带水果、特色茶和酒。

小贴士

三亚购物场所主要集中在大东海、天涯海角等景区周围及市内解放路一带。较著名的有京润珍珠、羊栏水晶工艺品厂、田独南海玳瑁店、国宾商场及天涯海角购物一条街。

购物中心推荐

三亚免税店：三亚免税店地处三亚市中心，占地约7000平方米，是在三亚购买世界顶级品牌的“购物天堂”。一楼以化妆品、奢侈品为主，二楼以服饰为主，种类包括服饰、珠宝、手表、箱包、皮具、香水、化妆品等。

百花谷商业街：百花谷商业街地处亚龙湾度假区核心地段，集购物、餐饮、休闲、娱乐为一体，是度假区内唯一具有热带风情的商业街。这里汇聚了各种购物超市，著名品牌商品种类繁多，还有许多特色餐厅、酒吧、咖啡馆、KTV等。

解放路步行街：解放路步行街位于三亚市区解放二路，是三亚的特产店和珍珠饰品街。这里以特产店为主，除了品牌商户外，还有很多小商铺和小地摊，它们销售各种海南特产和工艺品，像珍珠、贝壳、海南岛服等，尤以珍珠饰品为主。

娱乐 文娱活动少不了

三亚是度假的天堂。想偷得浮生半日闲的，这里有温泉、SPA、酒吧，在碧海蓝天下可以无限放松；若想要尽情享受水上娱乐活动的刺激有趣，这里有热闹的海滨、浪漫的海岛，无论是出海、潜水、游泳、冲浪，这里都能满足你的需求。此外还有音乐、舞蹈等剧场演出节目。

第3章

海南西线旅游圈

海南岛西线是海南西部区域，包括澄迈、临高、儋州、白沙、昌江、东方、乐东等市县。西线至今还保存着许多原始森林和热带雨林，其中尖峰岭、霸王岭林区都是国家级森林保护区。千年古盐田、中和古城、东坡书院等古迹云集。尖峰岭荟萃了国内外各种珍稀的热带植物。莺歌海盐场、海滨风车群是近代和现代工业文明的标志。尖峰岭、霸王岭林区保存有许多原始森林和热带雨林，蔓藤缠绵。黎族、苗族同胞以特有的方式生活在这片土地上，在此可体验船形屋、黎族筒裙、竹筒饭、“三月三”等当地特有的民族文化与风情。

鳴鳳谷

澄迈景点

1 福山咖啡文化风情镇

世界咖啡文化聚集地

游玩推荐：福山咖啡馆、咖啡制作、品尝小吃

福山咖啡文化风情镇是 2010 年（第十一届）中国海南岛欢乐节主会场，建筑风格采用古朴的地中海式与浓郁的咖啡风情相结合，外观装修以浅米黄色和浅米白色为主色调，配以国际流行的浅咖啡色饰纹砂浆，局部采用本地火山岩体现地方特色。福山咖啡文化风情镇规划面积约 76 平方千米，是集世界咖啡种植文化观赏、咖啡交易中心、咖啡制作观摩品尝、休闲娱乐度假于一体的风情小镇。

INFO

地址

澄迈县澄迈咖啡文化风情镇中心区

交通

从海口西站搭乘去澄迈的海汽大巴，约30分钟可到达

亲历者体验 FOLLOW ME

镇上与福山咖啡馆齐名的是侯臣咖啡文化村，这里不但能够赏植物，品咖啡，尝小吃，如万昌苦丁茶、无核荔枝、瑞溪粽子、椰丝糯米粑等。还开辟了走地鸡果园、咖啡植物展示园等园区，让游客与大自然亲密接触。

了解历史掌故

福山镇是海南最早种植咖啡的地方之一，也是海南两大知名咖啡品牌之一的福山咖啡的原产地。1935 年陈显彰将咖啡种子首次在这里种植。独特的火山红土加上良好的气候条件，使其产出高品质的咖啡豆。

海南咖啡的来历

1933 年爱国华侨陈显彰来到海南并对海南的 13 个市县进行了自然环境的全面考查，最后认定福山为种植咖啡的理想地。一年后陈显彰几经风险，克服重重困难，终于带回约 200 公斤罗伯斯塔咖啡种子，在福山镇种植成功，随后建起咖啡农场。

2 永庆寺

古“澄迈八景”之一

游玩推荐：金玉大佛、大雄宝殿、观音殿

永庆寺位于海南老城经济开发区盈滨半岛，为现今琼北地区规模最大的佛教寺院。永庆寺始建于北宋时期，是海南历史上有名的禅林圣地。寺院庄严瑰丽，包括山门、天王殿、大雄宝殿、观音殿、文殊殿、藏经阁等。寺内还供奉有世界最大的金玉大佛，吸引了一大批国内外的游客烧香拜佛，形成了“南有南山寺，北有永庆寺”的著名文化景点。

INFO

地址
澄迈县老城开发区盈滨半岛

交通
乘坐游6路公交到永庆寺下

了解历史掌故

著名诗人苏轼渡海来琼，夜宿老城驿通潮阁，次日游永庆寺，为此处美景所陶醉，欣然作诗，留下了“幽怀忽破散，咏啸来天风”的千古佳句。

3 美榔姐妹塔

中华古塔中的珍品

游玩推荐：赏塔上石刻、浮雕

INFO

地址
澄迈县美亭乡美榔村东南面

交通
自驾或乘汽车前往

开放时间
全天

美榔姐妹塔又名双塔，位于海南澄迈县美亭乡美榔村东南面，系元代古塔。塔高约 17 米，平面呈六角形，现存六层，为仿木结构阁楼式。另一座平面呈四角形，分七层，外观结构与上塔相同，但更为细腻。双塔相距约 20 米，均有高大的台基立于山池水中，台面四周设有栏杆。塔整体造型协调美观，互有变化，数十尊石雕、浮雕刻工精巧细致，形象栩栩如生，堪称琼州石塔的艺术珍品。

了解历史掌故

据《正德琼台志》载，元代人陈道叙有二女，长女出嫁，次女出家为尼。他为了纪念二女而建此塔。

4 济公山风景区

有济公天然石像

游玩推荐：奇岩怪石、石板小径

INFO

地址
澄迈县南部的红岗农场境内

交通
自驾或乘汽车前往

济公山风景区因有一酷似济公的巨石而得名。济公山原名石栏岭，又称山猪岭，距红岗农场场部约 1.5 千米。其山顶上有一高约 5 米，宽约 2.8 米，形状体态酷似济公的石像。山上还有形似“济公脚印”“八卦扇”“鲤跃龙门”“百变猴王”等石头、石像，均是自然形成，是一处很有观赏价值的自然景观。

亲历者体验 FOLLOW ME

游览济公山，先是观赏它那天生地造的奇岩怪石。沿小道穿过山脚茂密的树林，从石板小径攀登上山。山上有块约 6 米高的巨石，观看巨石的模样，那歪歪破破的毡帽，高高的鼻梁，笑眯眯的眼睛，滑稽的嘴巴，颠荡的神态等，完全同人们心中济公形象一模一样。

5 加笼坪热带季雨林旅游区

原始热带雨林区

游玩推荐：珍稀动植物、山间瀑布、奇峰怪石

加笼坪热带季雨林旅游区为原始热带雨林区，拥有胭脂、坡垒、青梅、厚皮搞、榴果等珍稀树种及水鹿、猴子、藤狸、穿山甲、蟒蛇、原鸡、山鹩鸽、金钱龟等珍稀野生动物。该区林海莽莽，还有山间瀑布、奇峰怪石、山顶天塘，加之鸟鸣兽跃，构成一幅完美的生态图。

INFO

地址
澄迈县西南端

交通
自驾或乘汽车前往

开放时间
8:30~17:00

6 澄迈金寺

寺内雕像神色各异

游玩推荐：门匾、天王殿、大雄宝殿

澄迈金寺依山而建，可俯视全城。寺庙建筑气势雄伟，金碧辉煌，回廊曲折，气象万千。该寺枕山坡，向莲花池，拾级而上，步步高升。来到寺门，先见金山寺门匾，而后是天王殿，最顶乃大雄宝殿如来堂。

INFO

地址
澄迈县城金江镇

交通
自驾或包车前往

门票
免费

7 红坎岭陶艺园

制作陶艺品的休闲乐园

游玩推荐：学做陶艺、观看陶瓷制作流程

红坎岭陶艺园以制作陶艺品为主，特色陶艺建筑与湖光山色为一体，环境幽雅，是休闲度假的最佳场所。在园内不仅能感受福安古窑当年窑工们精心练泥、制坯、晒坯、烧窑等陶器制作和烧制的流程，还可以亲自学着制作各种简单的陶艺。在作坊外的蔽日树荫下，还可以边喝茶边欣赏各式各样的陶艺成品，享受世外“陶”园的悠闲和宁静。

INFO

地址
澄迈县桥头镇红坎岭

交通
自驾或包车前往

开放时间
8:00~17:30

8 九乐宫温泉度假山庄

温泉休闲度假村

游玩推荐：热带风光、温泉疗养

九乐宫温泉度假山庄位于九乐山北侧。该温泉日喷水量5460立方米，水温57.1℃，含氟量高，有良好的医疗保健功效，被当地群众誉为“洁身龙水”。九乐宫温泉度假山庄以温泉热带风光为特点，以旅游度假、康复保健、疗养为核心，由公共服务中心、旅游度假区、综合旅游区、热带果园区、景观保育区五大部分组成。是理想的健身、休闲、旅游度假胜地。

INFO

地址
澄迈县西南部西达农场境内

交通
自驾或包车前往

9 农垦万嘉果农庄

热带高效农业的典范

游玩推荐：名贵花卉、水果采摘

农垦万嘉果农庄是全国农业旅游示范区，是热带高效农业的典范。经过多年的发展，目前，万嘉果已成为海南的知名品牌，其生产的热带水果系列产品在北京等全国大中城市，具有了较高的知名度，受到消费者的欢迎。

为了加快万嘉果的发展，使之成为带动海南农垦乃至整个海南农业发展的龙头企业，在省农垦总局的全力支持下，从 2005 年开始，万嘉果又在东线高速公路旁的南海农场，开办了第 3 个生产基地。

INFO

地址

澄迈县福山镇红光农场

交通

乘汽车或包车前往

临高景点

1 临高角

琼州海峡的突出石角

游玩推荐：海滩、古灯塔、自然奇观

临高角是突出于琼州海峡上的一个岬角，岬角顶端有约 250 米长的天然拦潮礁石堤直插大海。临高角岸上有千米长的海滩，是西海岸的优良天然泳场之一。临高角有个奇观，其沙滩的西侧风平浪静，东侧却波涛滚滚。景区还有百年前建造的古灯塔，是著名的国际航标。

INFO

地址

临高县临城镇昌拱村

交通

海口到临高县有直达快车，再换乘到昌洪的四轮车，然后包三轮车或沿沙土路步行约20分钟可达

门票

免费

亲历者体验 FOLLOW ME

除了海滩和解放军雕像，临高角公园的风景非常漂亮，还可尝试走一下战壕和迷宫。景区野营度假村已开业接待中外宾客，白日游泳，夜晚游乐，各项设施皆备。椰林中，还有颇具风情的吊脚木屋。

2 临高角解放公园

红色旅游文化景区

游玩推荐：解放军雕像、纪念馆、战壕

临高角解放公园是解放海南渡海登陆战主要登陆点之一，是为纪念解放海南渡海登陆战，在登陆点建起的公园。公园具有深厚的历史文化底蕴和重大的革命历史纪念意义，是海南红色旅游的重要景点和对青少年进行爱国主义教育的重要基地。

INFO

地址

临高县西北边

交通

乘海口到临高县的直达快车

3 临高角滨海游览区

良好的天然滨海浴场

游玩推荐：沙滩、海水、游泳

INFO

地址

临高县西北边

交通

乘海口到临高县的直达快车

临高角滨海游览区是海南省政府第一批批准设立的省级十大重点旅游开发区之一，规划开发面积约 20 平方千米，位于临高县西北部沿海。海角三面环海，岬角直伸大海，古有“仙人指路”之说。岬角东侧海底平展，海水碧澄见底，沙滩洁白柔软，是个良好的天然滨海浴场，素有“南海秋涛”之称。

4 高山岭

岭上有神石、神湖、怪石

游玩推荐：怪石、湖泊、瞭望塔

高山岭古称毗耶山，海拔高约 193 米，岭上有神石、神湖、怪石、瞭望塔等。该景区岩石奇特，林木苍翠，野花烂漫，一年四季生机盎然。岭中有因火山爆发所致，常年不涸的千镜湖、嗡昂湖和斑鸠池三处水面，水清如镜，犹如镶嵌的三块洁白无瑕的碧玉，使得山岭景观更加绚丽多姿。

INFO

地址

临高县临城镇西北约4千米处

交通

乘海口至临高的省汽快车，当地有专门送游人到景点的车

5 百仞滩

奇石众多、涛声宏大的海滩

游玩推荐：奇岩怪石、百仞瀑布

百仞滩地处文澜江下游，滩中多奇岩乱石，千姿百态，远望像人头聚簇，就被赞誉为“百人头滩”。昔时滔滔的文澜河水，自南往北流经此滩，由于河床弯曲，水流湍急，遇到岩石的阻拦，形成急泻而下的百仞瀑布，其浪花泛白，涛声宏大，远在十里外的临高县城都可以听到轰轰作响的滩声，这是闻名的“百仞滩声”的由来。

INFO

地址

临高县城东北约4千米，地处文澜江下游

交通

乘坐长途车到达临高县城，然后租车前往

6 茉莉轩

植有茉莉花的古代学馆

游玩推荐：茉莉花、历史故事

茉莉轩原为宋代临高县令谢渥所建的学馆。谢渥在庭院内种了许多茉莉花，故名“茉莉轩”。茉莉轩现在是临高师范学校校址。

INFO

地址

临高县临城镇西北约4千米处，临高师范学校内

交通

乘海口至临高的省汽快车，再乘当地汽车到景点

7 临高文庙

海南省现存规模最大、历史最久的大型古建筑群

游玩推荐：大成殿、祭孔活动

临高文庙是海南省现存较完整、规模最大、历史最久的大型古建筑群，其主体建筑由大成殿、大东门、东庑、西庑、名宦祠、乡贤祠等组成。大成门前原有棂星门、泮池、金水桥、东斋、西斋等，是临高县著名的旅游胜迹。

INFO

地址
临高县文澜江畔

交通
自驾或包车前往

门票
免费

开放时间
8:00~18:00

8 地下瀑布

藏匿在悬崖底的瀑布

游玩推荐：瀑布、花草树木

在临高县皇桐乡的一片平原和丘陵之间，一条河流在古榕树林里突然消失了，在地下形成了一道瀑布。由于藏匿在悬崖底，这道“地下瀑布”鲜为人知。该瀑布藏匿在临高县皇桐乡的一片平原和丘陵之间，是一条不大不小的河突然遭遇断层，一头栽进深涧中形成。至于何时形成，至今无人考证。它叫古银瀑布，人们习惯叫它“地下瀑布”。

INFO

地址
临高县皇桐乡

交通
乘汽车或包车前往

儋州景点

1 东坡书院

为缅怀苏东坡先生而建

游玩推荐：载酒堂、《坡仙笠展图》

东坡书院始建于北宋绍圣四年（1097 年），是大文豪苏东坡在儋州期间讲学场所。东坡书院享有“天南名胜”之美誉，是集文献、书画、楹联、碑刻、雕塑、器具、井泉为一体的著名人文景观。书院里有载酒亭、载酒堂、奥堂龛等古色古香的建筑。现在书院内大殿和两侧耳房展览着许多苏东坡的书稿墨迹、文物史料和著名的《坡仙笠展图》。书院前面是百亩荷塘；后院古木参天，曲径通幽，鸟语花香。

INFO

地址
儋州市中和镇

交通
乘去往中和镇方向的中巴即到

门票
20元

开放时间
8:30~17:30

亲历者体验 FOLLOW ME

院内古木参天，亭、堂、池、院俱全。长方形的载酒堂曾是苏东坡讲学、会友的地方，也是书院的主体建筑，堂中两侧有历代名人的诗文碑刻，其中最为珍贵的一块是元代为重建书院所刻的《东坡先生祠记》碑刻。在东坡书院两侧各有一座小跨院，分别叫作东园、西园。西园为花圃，在花海中矗立着苏东坡铜像。东园里有一口钦帅泉，为明万历年间所挖，井水清凉甘洌。

东坡书院的狗仔花

东坡书院里有一种很特别的狗仔花，它花蕊的形状就如同五条小狗团团围坐，非常形象。关于此花，民间流传着一个很有意思的故事。相传王安石曾就狗仔花写过两句诗，“明月当空叫，五犬卧花心”。苏东坡看见了，认为写得不符合现实，便给改成“明月当空照，五犬卧花荫”。王安石知道了此事，就嘲笑苏东坡见闻不广。后来苏东坡被贬到儋州，亲眼看到了狗仔花和明月鸟，才恍然大悟，自己当年原来是错改了王安石的诗。

2 蓝洋温泉 海南水量最大、水质最好、水温最高的热矿水

游玩推荐：冷热泉奇观、观音洞、莲花山

蓝洋温泉国家森林公园四周由莲花岭等数十座形貌奇特的山峦环抱，沟谷纵横。有被称为“海南第一洞”的观音洞，洞中有洞，幽深曲折，奥妙无穷。公园内热带季雨林、次生阔叶林、各类经济林、果木林等植被景观丰富多彩。莲花山中溪泉密布，水潭众多，瀑布气势磅礴。蓝洋温泉位于莲花山下，是理想的保健氡泉，还有罕见的冷热泉奇观。周围建有度假中心、温泉公园、动物园等。

INFO

地址
儋州市蓝洋农场

交通
在儋州市内乘坐去往那大镇的大巴车，然后可租车前往兰洋温泉或在儋州南站乘坐去往兰洋镇的中巴车可到

亲历者体验 FOLLOW ME

蓝洋温泉经专家验证后，被确定为“氡达到医疗热矿水浓度的氟、硅医疗热矿水”。该热矿水含有很多种对人体健康有益的微量元素，比如锌、锶、溴等，因而医疗价值很高，特别对风湿性、心血管类、神经衰弱类疾病有辅助疗效。

3 千年古盐田

堪称最早采用日晒的制盐场

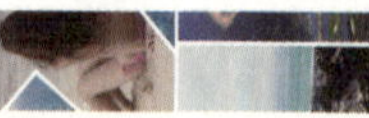

游玩推荐：砚式食盐槽、看制盐过程

千年古盐田被誉为最早采用日晒的制盐场，是至今保留完好的原始民间制盐工序的古盐场。古盐田有 50 万平方米，有 1000 多个形态各异的砚式石盐槽密布海滩。现在盐田村仍有 30 多户盐工，每天都在这片盐田上沿袭着 1200 多年来的古老的劳作方式。

INFO

地址
儋州市洋浦半岛盐田村

交通
在儋州市乘坐去往洋浦经济开发区的中巴车即到

门票
免费

亲历者体验 FOLLOW ME

1. 由于天气炎热和制盐流程的原因，要想看到盐田工人劳作的过程，一般需在早上和傍晚时间段。
2. 切忌踩盐槽，盐槽即边缘凸起，里面凹入的水槽，类似盛水的盘子，是制盐十分重要的工具。

了解历史掌故

盐田村里的人都姓谭，盐田不传外姓人，据说这是祖宗立下的规矩。外姓人可以租，但不能买。并且产的盐只能在本地销售，因为没加碘，外地盐务局不批准上市场销售。此地所产的盐巴白如雪，细如绵，纯净天然，不带杂质，用舌头舔舔，咸味纯正适中。

4 热作两院植物园

物种资源基因库

游玩推荐：世界热带珍贵树木、山水花果

热作两院植物园 1958 年建立，园内植有来自全球 40 多个国家的 1000 多种树木，分为热带香料植物、热带药用植物、热带果树、热带油料植物和热带观赏植物等七个展览区，是世界热带珍贵树木的宝库，具有很高的观赏价值。已逐渐成为一个融奇花异树、鸟语花香、山水花果为一体的大型旅游娱乐项目。

INFO

地址
儋州市那大镇西郊

交通
在海口汽车东站乘到那大镇的大巴，再在那大镇坐三轮车到达景点

5 松林山

拔地而起，状如斗笠

游玩推荐：松林晚霞、登高远眺、怪石嶙峋

松林山又名儋耳山、松林岭，松林山以北数千米就是有名的“龙门激浪”。松林山拔地而起，状如斗笠，被称为“儋州八景”之一的松林晚霞就出在此岭。松林山海拔约 192 米，北距海岸约 5 千米，周围为滨海平原，有一山飞峙大海边之势，显得格外雄伟高峻。

INFO

地址

儋州市区（那大镇）西北约35千米

交通

乘汽车或包车前往

了解历史掌故

据国家地质资料记载：这里古时候曾发生过火山喷发，使松林山周围十几千米内都是火山岩浆凝成的大片岩层。古代的松林山是个登高游览的好去处，许多登山者都是冲着松林山的自然景观茂盛，而周围尽是怪石，山石皆白玉色而来。

6 石花水洞

山灵，水秀，石奇，洞幽

游玩推荐：石花水洞、旱洞、石林

石花水洞是目前我国成功开发的纬度最低的天然溶洞。据中国溶洞协会专家考证，石花水洞形成于 140 万年前，它由洞内景区、石林景区、热带果园观光景区组成。洞内景区由旱洞和水洞组成，洞内有钟乳石、石笋、石柱、石瀑布等极具观赏和科学价值的景物。水洞曲折蜿蜒，光怪陆离，五彩斑斓，在水洞轻舟漫游，宛如遨游龙宫，美不胜收。

INFO

地址

儋州市雅星镇英岛山下

交通

在五指山市内乘坐去往雅星镇方向的中巴车可前往

门票

53元（含船票）

亲历者体验 · FOLLOW ME

石花水洞蜿蜒曲折，宽处约达 10 米米，窄处也有二三米，游人可乘船游览水洞。石花水洞总长约 5 千米，目前仅开放了 900 米长的游览线路，游览全程大约一个小时。

7 白马井古迹

白马刨泉的传说

游玩推荐："白马涌泉"、伏波将军庙、伏波井

白马井古迹的主要景观是"白马涌泉"和伏波将军庙。传说汉代的伏波将军南征路过此地时，它的白马用蹄刨沙刨出了清泉。后来，人们为纪念这位汉代英雄，造伏波庙的时候又设了伏波井。

INFO

地址
儋州市白马井镇

交通
在五指山市内乘坐去往白马井镇方向的中巴车可到

8 白鹭天堂

白鹭成群结队在此繁衍

游玩推荐：茂林修竹、白鹭、大榕树

在离儋州市城北约 10 千米的洛基镇有个屋基村，这里到处是茂林修竹，栖息着上万只白鹭，人们把这里称为白鹭天堂。村里有三棵四层楼高的大榕树，树冠宽阔婆娑，是白鹭们宽敞的家园。

INFO

地址

儋州市洛基镇屋基村

交通

从海口西站乘省汽快车或是租旅游车沿西线高速公路到达那大镇，当地有中巴车到洛基镇，再乘三轮车到景点

鹭鸶

鹭鸶是鹭科的鸟类，为大、中型涉禽，主要活动于湿地及林地附近，它们是湿地生态系统中的重要指示物种。全世界共有 17 属 62 种，中国有 9 属 20 种。这是一群很古老的鸟类，大约在 5500 万年前就已在地球上活动。它们具有长嘴、长颈、长脚的外形，羽色有白色、褐色、灰蓝色等，有些鹭科鸟类羽毛有冬羽、夏羽分别，或是繁殖期会在头、胸、背等部位出现丝状饰羽，繁殖期过后逐渐消失。

亲历者体验 FOLLOW ME

每当黄昏降临，白鹭们排着人字队形飞回村中，景象十分壮观。为便于观鸟，白鹭天堂——屋基村现已修建了高达 6 层的观鸟楼，形成了特色旅游项目。

9 观音洞

殿内供奉观音塑像和十八罗汉

游玩推荐：壁岩图案、古木、山花

观音洞是位于儋州市莲花峰上的一个石灰石大溶洞，由于溶洞规模宏大，景色神奇，因古传观音菩萨曾经在此修炼而得名。莲花峰上的观音洞，古木葱郁，四季山花烂漫。观音洞口共有 3 处，相距约 60 米，溶洞宽大，洞内分为 3 层，其中中层较大，内有一厅，厅内壁岩面沟沟纹纹，图案奇特。

INFO

地址

儋州市莲花峰

交通

自驾或包车前往

10 中和古镇

"诗对之乡"

游玩推荐：东坡书院、城门、桄榔庵

中和古镇古时是儋州的州治所在地。苏东坡曾在此谪居三年，因其对本地文化的影响，几百年来这里的人们都喜爱吟诗作对，因此中和镇享有“诗对之乡”的美誉。镇里主要的看点是古迹。除了著名的东坡书院外，还有桄榔庵、东坡井、魁星塔等。另有宋代保存至今的西、北两个城门，可见当时的宏伟规模。

INFO

地址
儋州市中和镇

交通
海口西站乘至洋浦的中巴车，在高速路洋浦路口下车后，转乘当地的三轮车可到

门票
免费

11 桄榔庵

苏轼旧居

游玩推荐：桄榔林、古建筑

桄榔庵坐落于儋州市中和镇南郊，是苏东坡谪居儋州时住了三年的处所。宋绍圣年间，苏东坡父子初到儋州时，当地州官张中十分敬重苏东坡，让苏家父子住在官府的房子里，定期发官粮给他们。后被上司逐出，东坡父子无室可居，处境十分凄凉。当地官民都十分同情，就帮助苏东坡在城南的桄榔林建房，在众乡亲的帮助下建起了三间茅屋。虽然周围虫蚁滋生，但茅屋处在“竹身青叶海棠枝”的桄榔林中，东坡宽慰之余便将茅屋命名为“桄榔庵”。现建筑为修葺扩建后留存。

INFO

地址
儋州市中和镇的南郊

交通
乘海口至儋州的省汽快车，再乘当地的中巴车至景点

12 魁星塔

是海南省保存完好的古塔之一

游玩推荐：古塔、塔内装饰

魁星塔是海南省保存完好的古塔之一。魁星塔建于清末，是一座小型石塔，造型别致，保存完好。共七层，塔身内部空心，每层平出短檐，首层拱门狭小不能进入，窗为金钱形，气势壮观，装饰精微，构思巧妙，散发出传统的精神、气质和神韵。

INFO

地址

儋州市中和镇的南郊

交通

乘海口至儋州的省直快车，再乘当地的中巴车至目的地

13 云月湖

城、湖、山、园融为一体的度假区

游玩推荐：青山、绿水、林木

云月湖雾海云天山作黛，月色空明水亦悠，镜湖碧水充满着盎然绿色。这里方圆数百里，四周青山环绕，林木叠翠，山川逶迤。山脚陡斜，凹落成天然的低洼山谷大盆地，盆地荡漂着波光粼粼的湖水。水波不惊，青山飘浮于湖面。湖畔有大片橡胶林、木麻黄林，山绿水绿，构成一幅绿色基调的水彩画。

INFO

地址

儋州市海榆西线约142千米处（那大镇往西约两千米处）

交通

乘海口至那大的省汽快车，那大有到云月湖的专线中巴车

门票

免费

14 海南海上国家森林公园

中国首个海上国家森林公园

游玩推荐：红树林、赶海拾贝

INFO

地址

儋州市光村镇新盈农场

交通

自驾或包车前往

海南海上国家森林公园是以沿海红树林保护、科学研究和开发旅游项目为主的国家森林公园。园内红树林种类繁多，有林榄、海莲、角果木、秋茄、桐花等树木，各科树种盘根错节相互依存，依岸生长，既是科学研究的天然宝库，又能抵御台风和海啸侵袭。海上国家森林公园是鱼虾生长的优良场所，每当海水退潮时，小鱼、小蟹、贝类和浮游生物滞留海滩，吸引成千上万海鸟前来觅食，场面壮观。

15 光村银滩

美丽的滨海风光

游玩推荐：龙门激浪、海岸沙滩、巨石

光村银滩沿海沙滩平坦宽广，沙滩长达 8 千米。沙质洁白细腻柔软，海水湛蓝清澈，四周树影婆娑，绵延十几千米。每当夜晚降临，漫步于银滩之上，所踩之处，银光闪烁，非常美丽。

INFO

地址

儋州市光村镇，濒临北部湾

交通

自驾或包车前往

16 儋州龙门山

素称“南天第一门”

游玩推荐：瓮门、龙门山海滨海岸

龙门山屹立于儋州市峨蔓镇北部海滨，山上怪石嶙峋，从北望南，蜒绵起伏，状似万里长城的一段，雄伟壮观。山之有名是缘于山的东面一处瓮门，素称“南天第一门”。瓮门高约30米，宽约20米，中空通风，岩石呈拱形，北风掀浪，撞于石门，鸣声如鼓，回响十余里，故得名龙门激浪。龙门山水边沙滩洁净银白，岸上巨石千姿百态，风景别致，是海南省有名的旅游景点。

INFO

地址

儋州市中和镇的南郊

交通

乘海口至儋州的省汽快车，再乘当地的中巴车至景点

白沙景点

1 红坎瀑布

飞瀑和石洞引人入胜

游玩推荐：瀑布、红坎岭

红坎瀑布总落差约145米。瀑布源于海拔约1101米的红坎岭，两岸峰峦矗立，绝壁横陈，熔岩密布。凌空天河倾泻，宛如银色巨龙从天而降。瀑布又好似银蛇狂舞，冲击叠岩景象万千。一到雨季，山洪暴发，瀑布声若雷鸣，震撼群山，气势雄伟壮观。

INFO

地址
白沙黎族自治县元门乡东南部

交通
乘坐前往白沙黎族自治县城的巴士，然后在县城乘坐当地汽车前往

2 白沙陨石坑

我国发现的第一个陨石坑

游玩推荐：陨石坑、茶树

白沙陨石坑位于牙叉镇东南约9千米的白沙农场境内，直径约3.7千米，是我国发现的第一个陨石坑，为距今约70万年前一颗小行星坠落此处爆炸而成。陨石坑周缘环形山脊连续较好，仅在西南缘受两条溪河冲刷而出现豁口。置身于陨石坑内，举目四望，但见郁郁葱葱，低缓山坡上，茶树密布，排列成行，绿意盎然。

INFO

地址
白沙黎族自治县牙叉镇白沙农场内

交通
自驾或包车前往

门票
免费

了解历史掌故

科学家在坑内找到了陨石碎块，在其中发现只存在于陨石中的标型矿物，陨石类型为无球粒陨石，呈浑圆扁球状，重约达 3.75 公斤，质地坚硬，是国内目前仅有的发现。白沙陨石坑是目前我国能认定的唯一较年轻的陨石坑，也是全世界十几个伴有陨石碎块的陨石坑之一。

3 南美岭

“宝岛绿洲”的翡翠明珠

游玩推荐：浩瀚林海、逶迤山峦

南美岭位于在白沙黎族自治县境内的南部山区，海拔约 700 米。加勒比松、马占相思、三角香枫、大叶面包、野生荔枝和许多叫不上名字的树木组合成的浩瀚林海，郁郁蓊蓊。举目环顾，山峦逶迤，群峰席卷，绿浪千重，松涛万顷。

INFO

地址

白沙黎族自治县牙叉往西南方向约8千米处

交通

自驾或包车前往

4 九架岭风景区

水墨淋漓的山水美景

游玩推荐：木棉花

九架岭风景区东南边是千山万壑的五指山区，西北面为丘陵起伏的山地和平原。九架岭还是隔开海边气候和山地气候的信风界。独特的地理位置赋予了九架岭独特的自然风貌和景色。九架岭木棉漫山遍野，尤其是在每年的三月，木棉花绽放，如铺天盖地的红云，真是“漫天锦绣连云开”。

INFO

地址

白沙黎族自治县境内

交通

从县城出发，经牙叉中路，301 省道向打安镇方向行驶经过九架村便可到达

5 邦溪坡鹿自然保护区

海南坡鹿的原生地

游玩推荐：海南坡鹿、海南兔、浩瀚林海

邦溪坡鹿自然保护区是海南坡鹿的原生地，主要保护对象是海南坡鹿及其生态环境。保护区内主要动物有海南坡鹿、海南兔、蟒、穿山甲、原鸡、海南山鹧鸪等。

INFO

地址

白沙黎族自治县境内邦溪镇

交通

自驾或包车前往

门票

免费

6 江排游览区

诗情画意的"天蓝水绿图"

游玩推荐：青竹、绿水、鱼鸟

江排游览区为松涛水库上游，这里青山屹立，清水环绕，山体俏秀，林木葱翠。远处四周山色如黛，似一幅点墨错落有致的"天蓝水绿图"，两岸青竹沿着十里水路苍翠，水中鱼儿突跃水面溅起水花，天空中鸟雀展翅翱翔，实有诗情画意之景。

INFO

地址

白沙黎族自治县

交通

由县城出发，沿牙叉东路往松涛水库方向直行，行车约3千米途经牙港村后可到牙港渡口，乘船前往江排水域即可

昌江景点

1 霸王岭国家森林公园

海南热带雨林的典型代表

游玩推荐：热带原始森林、黑冠长臂猿、木栈道

霸王岭国家森林公园是海南省四大林区中保存最完好的热带原始森林，也是我国热带生物资源最丰富的地区之一，有多种珍稀动植物繁衍，其中列为国家重点保护和严禁采伐的珍稀植物有黄花梨、见血封喉木等。霸王岭气候温和，雨量充沛，空气负氧离子含量高。霸王岭还是世界上唯一以长臂猿为保护对象的保护区，全世界仅存的 20 只黑冠长臂猿全部在此。

INFO

地址

昌江黎族自治县东南白沙、乐东两县交界处

交通

乘海口—石碌的长途汽车，到石碌再乘三轮车到景点

门票

45 元

亲历者体验 FOLLOW ME

公园内铺设有钱道、霸道、情道三条旅游观光木栈道。透过这三条木栈道，游人可以轻松地、尽情地饱览霸王岭的迷人风光。

钱道穿梭于霸王岭东线的沟谷雨林中，这里是热带低山雨林、沟谷雨林和热带山地雨林垂直分布的典型。可以看到许多珍贵的树种，还可以看到“连体树”“金山”“银山”“千年古榕”等，让人目不暇接。

霸道位于雅加大瀑布之上，依石头河床铺设，似一条长龙蜿蜒盘旋。顺道而上，可以观赏到霸王岭热带雨林的奇特景观，还可观赏到霸王岭特有的、独一无二的波浪形石滩等。登顶四望，连绵群山、苍茫林海尽收眼底。

情道位于霸王岭南线雅加度假中心近旁的峡谷——情人谷中。这里是山水林石的巧妙结合之地。在这里可以观赏到雅加大瀑布、石壁兰花、石上绿萝和夫妻石等景观。

2 昌化古城

中国最南端的古城遗址

游玩推荐：古城遗址、护城河遗址、赵鼎衣冠冢

昌化古城始建于明，是中国南方地区的一座古城遗址。这里虽然屡遭台风袭击，但古城遗址和护城河遗迹仍历历可辨。城外有赵鼎衣冠冢、治平寺碑等文物。

INFO

地址
昌江黎族自治县昌化镇昌城村

交通
海口汽车西站乘至昌江的省直快车，再换乘当地的中巴车可达

门票
免费

义妇玉娇

古昌化城地区流传着义妇玉娇的动人故事。据说在明代末年，昌化城连年受旱，当时的县官却将城内仅有的几口井占为己有，皇帝为了安定民心，将知县削官为民，派了一位清官来接任。新任县官带着妻子玉娇走海路来昌化，途中不幸被海盗鲨猫一伙杀害。鲨猫冒名顶替到任做了昌化知县，将玉娇霸占为妾。玉娇给任湖湘桂总督的胞兄写信告知此事，其兄接信后立刻派兵五千施计除去了鲨猫及全部贼兵。为实现丈夫的遗愿，解除民生疾苦，玉娇组织人们挖了 36 口水井，造福了一方百姓。

3 昌化岭风景区

苏东坡曾来此观赏皇帝石

游玩推荐：皇帝石、一线天、山泉

昌化岭风景区奇峰兀立，雄伟峻峭，连绵延伸至起子湾海滩，与其构成一幅引人入胜的天然山水画。岭高约 460 米，奇峰兀立，山泉长流，岭上有天然形成的皇帝石，一线天等景象。昌化岭古来闻名，历代文人墨客留曾在此留诗题句不计其数，大文豪苏东坡观赏皇帝石，称其为“峻灵王”。

INFO

地址
昌江黎族自治县昌化镇海滨

交通
在县城乘坐前往昌化镇的巴士

4 棋子湾

有"万亩沙漠落海南"之美称

游玩推荐：奇峰怪石、日光浴、沙滩浴

棋子湾东倚昌化岭，西连大海，东西长约 20 千米，呈"S"状，石多沙白浪静，有"万亩沙漠落海南"之称。海岸奇峰林立，怪石嶙峋多姿，林木苍翠，四季如春，是难得的天然浴场，也是光浴和沙浴的理想之地。

亲历者体验 FOLLOW ME

棋子湾岸边礁石间有一片面积约几百平方米撒满彩色棋子的卵石滩，白色、宝石绿色、土红色、蛋黄色；像翡翠、似玛瑙，精彩绝妙。

INFO

地址
昌江黎族自治县昌化镇沙渔村

交通
从海口长途汽车西站乘直达昌江黎族自治县昌化镇的普通大巴

开放时间
全天

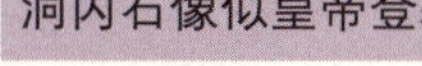
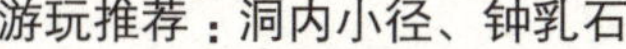

5 皇帝洞

洞内石像似皇帝登基

游玩推荐：洞内小径、钟乳石

皇帝洞依山傍水，是个石灰岩大溶洞，主要由地下水长年溶蚀而成，洞内冬暖夏凉。洞口就在南瑶河边，从远处眺望，像一头张开嘴的大水牛。洞宽约 60 米，深约 130 米，高约 25 米，洞厅呈拱形，平坦宽敞，可容纳上万人。洞内小径蜿蜒曲折，群燕飞舞，钟乳石多姿多彩，游人行于其间，会觉得意趣盎然。

INFO

地址
昌江黎族自治县南部王下乡牙迫村南瑶河畔的五勒岭下，距县城石禄镇约60千米

交通
自驾或包车前往

亲历者体验 FOLLOW ME

在洞的东南方，有一处 90 米长的天然石景，当中有一个宝座，椅上坐着一石人，两侧站有石卫士，这情景酷似皇帝登基，故此洞名为皇帝洞。

6 七星燕窝岭 成群燕子在石壁筑窝

游玩推荐：昌化江、七星温泉、青山秀水

七星燕窝岭主峰海拔约 487 米，岭前有昌化江，岭后有七星温泉，岭上群峰叠翠，山清水秀，景色迷人。远观燕窝岭，东西南北各具丰姿。从岭脚北坡望去，它像一只威镇山林的猛虎；从南坡望去，它像一只蹲在水边的大青蛙；从西坡望去，它又如一只正给小兔哺奶的母兔；从东坡望去，只见绿峰碧水互衬补，一派迷人的山水风光。

INFO

地址
昌江黎族自治县石碌镇往南20多千米处

交通
乘海口至昌江的省直快车，再乘当地的中巴车至景点

东方景点

1 鱼鳞洲

海南的八大风景区之一

游玩推荐：甘泉井、天然浴场、浪花

鱼鳞洲海边水浅沙白，是理想的天然浴场。岸边有永不干涸的甘泉井，井西边还有一栖息海鸟水禽的洞穴。鱼鳞洲面临波涛翻滚的大海，奇峰林立，岩石多姿，绿草灌木铺地，长年山花烂漫；海滩上，沙细白如雪，松软如绵；海面碧波万顷，浅水小艇穿梭，远海白帆点点，海鸥翔空；海风阵阵，波浪扑打在石壁上，溅起一堆堆雪白的浪花，沉雷般的涛声轻重有序，节奏均匀。

INFO

地址
东方市八所镇西南海滨

交通
从海口乘坐至八所的省汽快车，再乘当地的中巴车到景点

门票
免费

了解历史掌故

鱼鳞洲在清康熙年间就已是海南风景名胜地。古人有诗云："鱼鳞洲耸接云大，策杖登临别有大。怪石回环看不厌，奇峰重叠翠相连。泉流一井清如许，浪击千层势欲颠。海上仙山何处觅？分明此景是神仙。"诗句道出鱼鳞洲秀丽的景观。"泉流一井"是指岸边有一永不干涸的甘泉，井西边还有一栖息海鸟水禽的洞穴。海边水浅沙白，波浪不兴，是理想的大型浴场。

2 俄贤岭

堪称海南山岭中的精华

游玩推荐：峨贤洞、黎族“三月三”活动

俄贤岭又名俄娘九峰山，山上有一个俄贤洞，深不见底，水流回旋，浪拍洞崖。每年三月初三，周围的未婚黎族青年男女盛装集会于俄贤岭，唱着情歌寻找自己的意中人。

俄贤岭上景点众多，其中以奇形怪状的溶洞最吸引人，最令人感到神奇而迷惑不解的是俄贤洞。俄贤洞原名俄娘洞，洞口在主峰东北面的半山腰，深不见底，曲径通幽。内有3个石厅，可容纳上万人。洞壁凸凹不平，各具其形，千姿百态，十分有趣。石厅的下面，有流水旋转，响声轰轰。这流水源于何处，归于何方，千百年来无人知晓。

INFO

地址

东方市广坝乡境内

交通

乘坐海口至东方八所的省汽快车，再乘当地中巴车至大广坝，当地有专门到俄贤岭的三轮车

门票

免费

俄娘洞传说

相传在很久以前，这个石洞里有一只乌鸦精时常出来祸害黎民百姓。一天，乌鸦精将美丽的黎族少女俄娘抓到洞里来了。到这年的三月初三，俄娘的心上人阿贵带着尖刀和弓箭上山解救俄娘，结果被乌鸦精害死。万分悲痛的俄娘趁乌鸦精熟睡时杀死了乌鸦精，为阿贵报了仇，为黎民百姓除了大害。后来俄娘终生未嫁，之后每年的三月初三，她就到俄贤洞唱她和阿贵曾唱过的情歌。黎族人民为纪念俄娘，就把这山洞取名为俄娘洞，这座山也因此得名为俄娘九峰山。

3 白查黎族村寨

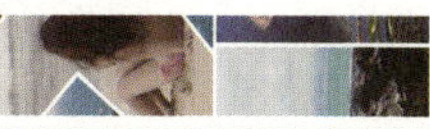

船形屋保存最完整的古村落

游玩推荐：船型屋、黎族风情

白查村位于东方市的东南边，是至今海南省保存最完好的黎族自然村寨，当地居民至今还居住在黎族先祖们创造并居住的船形屋。船形屋是黎族传统文化最为典型的建筑，称之为船形屋，因为它从外形上来看像一艘倒扣着的船。它看似取材简单，但实质却融入许多建筑智慧，是黎族先民世居海南热带岛屿与自然界斗争的智慧结晶。现在整个黎族地区，船形屋的数量已经不多，白查村是船形屋保存最完整的村落。

INFO

地址
东方市江边乡

交通
从海口客运西站乘车到东方，再从东方乘车到江边乡到白查村下

黎族茅草屋

黎族茅草屋主要有两种样式，分别为船形屋和金字形屋。船形屋有高架船形屋与低架（落地式）船形屋之分，其外形像船篷，拱形状，用红、白藤扎架，上盖茅草或葵叶。金字形屋以树干作为支架，竹竿编墙，再糊稻草泥抹墙，昌江黎族自治县王下乡洪水村的金字形屋保存最为完整。白查村以落地式船形屋居多，也有零星几间是金字形屋。

4 天南第一泉

有“感恩第一甘泉”之美称

游玩推荐：汉代古井

天南第一泉为汉代古井，名叫“汉马伏波井”。井口颇大，为汉砖青石砌成的方井，后来村民将这口汉代古泉井改砌为圆井，距今已有近两千年悠久历史。至今十所村民仍习惯于清晨围井提水饮用，井旁仍有清代乾隆二十六年（1761年）所立的《汉马伏波之井碑》。

INFO

地址
东方市八所镇十所村

交通
自驾或包车前往

5 东方大广坝旅游风景区

有中国最早的水电站遗址

游玩推荐：水电站遗址、秀丽湖泊

东方大广坝旅游风景区大广坝水电站气势磅礴，坝长约 6 千米，装机容量 24 万千瓦，水库湖面约 100 平方千米，是亚洲第一大坝。这里有中国最早的水电站遗址，又有风景秀丽的湖面，被誉为东方市的“天然公园”。

INFO

地址

东方市101乡道附近

交通

自驾或包车前往

乐东景点

1 尖峰岭国家森林公园

我国第一个国家热带雨林公园

游玩推荐：原始热带雨林、长臂猿、桫椤

尖峰岭国家森林公园建于 1976 年，保护对象主要是热带原始雨林和栖息于此的组冠长臂猿、孔雀雉等珍稀动物。尖峰岭是我国第一个国家热带雨林公园，拥有我国现存面积最大、保存最好的热带原始森林。尖峰岭既有 2 亿多年前与恐龙同时代的活化石植物——树蕨（桫椤），又有多达 20 余种罕见的国家级保护动物，这里自然生态景观原生、雄伟、神奇。

INFO

地址
乐东黎族自治县尖峰镇

交通
乘大巴到黄流镇，而后转车至尖峰岭镇

门票
60元

亲历者体验 FOLLOW ME

“空中花园”是热带雨林的一大奇观，几十种花、草、蕨等观赏植物附生在同一千年古树上，群芳荟萃，千姿百态。地面上，根须如网，葛藤如织，厚厚的枯枝落叶铺满林间空地。珍禽异兽嬉闹林间，尽显热带雨林的古朴、神奇。园内有千米以上高峰十几座，登峰远眺，云雾弥漫，气象万千。

2 鸣凤谷

原始的热带雨林沟谷

游玩推荐：热带雨林景观、鸟类翔集、栈道

鸣凤谷是尖峰岭最有代表性、最原始的热带雨林沟谷，全长约 2.5 千米，顺着栈道走一圈大概一两个小时。这里因众多鸟类翔集而得名，有“千年古树”“空中花园”“大板根”“绞杀”等热带雨林独特景观，可让人大开眼界。

INFO

地址
乐东黎族自治县尖峰岭林区

交通
自驾或包车前往

绞杀植物

绞杀植物的幼苗附生于“支柱植物”上，长出气生的网状根系包围树干并向下扩展，直到伸入地下生成正常根系。从土壤中吸收养分后生长加快，网状根膨大并愈合为网状茎，支柱植物则被绞杀致死。绞杀植物的种类很多，如桑科的榕属、五加科的鸭脚木属、漆树科的酸草属等，但它们主要生活在热带雨林里。

3 毛公山

因山貌酷似毛泽东主席仰卧于苍穹之下而得名

游玩推荐：毛公山外形、河流、五彩奇石

INFO

地址
乐东黎族自治县东部保国农场

交通
乘海口市至乐东黎族自治县的省直快车，再乘当地的中巴车即可到达

毛公山又名保国山，因酷似毛公造型而得名。毛公山长约 4000 米，峰峦连绵起伏，中部突起的一座高约 630 米的花岗岩山，其巨大山石自然造型酷似已故毛泽东主席仰卧于苍穹之下，仪表安详，形神兼备。自然景观除了地貌造像外，整条山体结构雄浑，群峰起伏，堆青叠翠，山下的雅亮河与南文河清澈见底，河滩布满斑驳陆离的五彩奇石。山水互相辉映，使得毛公山显得更加雄伟且瑰丽。

亲历者体验 FOLLOW ME

毛公山前有一黎村叫“解放村”，山后有一苗寨叫“东方红”。两村都是 1950 年海南解放时命名的。山南、山北分别有两座村落叫“崇共”“抗美”。如今，形象酷似一代伟人的山貌，加之妙趣天成的村名，使这一奇观又增添了一层神秘的色彩。

莺歌海盐场

中国南方最大的海盐场

游玩推荐：海盐场、制盐工序

莺歌海盐场是海南最大的盐场，也是中国南方最大的海盐场。莺歌海背靠尖峰岭，海滨是一片 3000 多平方千米的海涂地带，高温、干旱、少雨、大风是这里最主要的气候特征，造就了得天独厚的海盐生产条件。

亲历者体验 FOLLOW ME

在莺歌海盐场内可参观富有意趣的制盐工序，涨潮时海水从纳潮口闸流入储水湖，通过扬水站，再流过蒸发池，盐分浓度逐级升高，成了卤水；之后进入结晶区开始结晶成盐。盐场每天下午开始收盐，先将铲起的盐花捣碎，再把盐粒堆成一座座小盐山。这些优质盐会通过场区十多辆小火车源源不断运往各地。

地址

乐东黎族自治县尖峰岭林区

交通

自驾或包车前往

5 白沙河谷

富有黎族历史的私人博物馆

游玩推荐：黎族生产工具、黎族文物

白沙河谷是一个富有黎族历史、文化传承的私人博物馆。馆内聚集了3000多件藏品，将黎族历史文化、汉族历史文化分类展示，还有黎族生产工具、生活使用器具系列物品。这些文物上至新石器晚期的磨制石器，下至近代黄花梨制品，材质包括石、木、铁、铜、陶瓷、棉纺织品等，尤以海南黎族文物最具代表性，是了解黎族文化的一个窗口。

INFO

地址

乐东黎族自治县佛罗镇

交通

可包车前往

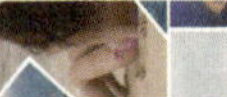

6 佳西自然保护区

独特热带雨林景观

游玩推荐：猕猴岭、珍稀动植物

佳西自然保护区山势巍峨壮观，千米以上有名的山峰共10座，最高的猕猴岭海拔约1655米，年均温度20℃，高处常年云雾缭绕。由于山高谷深，人迹罕见，森林植被仍保留着热带原始雨林特有的自然景观。森林中生物物种丰富，主要珍贵树种有花梨、乐东木兰、南亚松、竹叶松等，主要珍稀动物有长臂猿、巨蜥、蟒蛇、水鹿、黑熊和孔雀雉等。

INFO

地址

乐东黎族自治县北部

交通

自驾或包车前往

儋州旅游资讯

交通 自助游必须掌握的交通

外部交通

火车

海南西环高铁在儋州设有银滩站、白马井站、海头站三个高铁车站，车站均有到市区的专线公交车。发车时间以高铁站时刻表为准。

汽车

儋州汽车站又叫儋州那大汽车总站，位于儋州市那大城区中兴大道上，距离中兴大道与解放路的十字路口非常近，交通便捷。该站有发往海口、三亚及周边市县的班车。

市内交通

公交

儋州目前开通了近二十条公交线路，前往市区的大街小巷。

出租车

起步价10元/3千米，超过起步价里程后2元/千米。

住宿 驴友力荐的住宿地

儋州住宿选择较多，有高档的星级酒店、经济型的连锁酒店和温馨舒适的家庭旅馆等。前往蓝洋温泉游玩，可以选择住在度假村内，此外还可以住在那大镇上。

住宿地推荐	
酒店	位置
蓝洋温泉度假村	蓝洋农场
海航新天地酒店	那大镇中兴大道
维也纳国际酒店	那大镇伏波东路
桔子酒店精选（儋州文化广场店）	那大镇迎宾大道
永嘉大酒店	那大镇文化北路21号

美食 饕餮一族新发现

儋州地处海南北部，继承了海南菜讲究鲜美、清淡、嫩滑等特点，在充分利用当地的新鲜特产的基础上，形成了具有当地特色的饮食风格。

小贴士

儋州最有名的食品是红鱼粽，它是一种腌红鱼，吃的时候要将鱼切成薄片，铺上猪肉片及姜丝一起蒸，是一道真正的美味。

购物 淘宝达人爱去的街店

儋州的精美工艺品、地方特产种类较多，有椰雕、红鱼干、菠萝等。儋州椰雕的雕刻手法有平面浮雕、立体浮雕、通花浮雕等类型，花色品种已经发展到300多种，其中有餐具、茶具及各种类型的挂屏、座屏等。儋州出产的红鱼干是海南的著名特产之一，该鱼干肉质鲜美，蛋白质含量高，营养丰富，是著名的海鲜美食。昌江菠萝含有大量的果糖、葡萄糖及维生素和蛋白酶等物，为夏令医食兼优的时令佳果。

第4章

海南中线旅游圈

海南中线是以五指山市为中心，包括保亭、琼中、安定、屯昌等县在内的海南中部旅游区。五指山市黎语意为肥沃的河谷，是海南省平均海拔最高的城市，是一座具有典型热带景观的城市，又被称为翡翠城。以五指山为中心的中线一带地理特征主要是多山，因而这里是喜欢探险登山的背包族的挚爱。著名山脉以海南第一高山——五指山和黎族人民的始祖山——黎母山为代表。由于中线一带是黎族、苗族的聚居区，这里至今仍保留着浓郁的少数民族风情。

定安景点

1 文笔峰盘古文化旅游区

"龙首龟背"的风水宝地

游玩推荐：玉蟾宫、药王殿、文昌阁

文笔峰平地拔起，山色秀美，自古被视为"龙首龟背"的风水宝地。文笔峰从山腰至山顶主要由玄武岩和片理岩组成，山上植被茂盛，山顶常有云雾缭绕。清幽恬静的原生态自然环境中，远古时代的遗迹熠熠生辉。美丽的山水意境融合了盘古文化、道教文化和历史文化等优秀文化理念，建成了一座集旅游观光、休闲娱乐、道教养生和文化研究为一体的国家级大型文化旅游区。

景区拥有玉蟾宫、药王殿、文昌阁等殿堂十余座，建筑结构完整，风格鲜明，是目前中国最大的仿古建筑群。主建筑玉蟾宫殿宇美轮美奂、雕刻精妙绝伦。

INFO

地址
定安县龙湖镇文笔峰山麓

交通
从海口东站或南站坐省汽快车到定安县，然后再从定安坐中巴车到文笔峰即可

门票
36元

开放时间
8:00~18:00

了解历史掌故

文笔峰相传为盘古的鼻梁所化，是盘古开天辟地之后，世间最早出现的一座山峰。盘古是宇宙万物之初始，是世界文化之根源，盘古的鼻子自然是吸纳天地精气的地方，被当地百姓视为祥瑞之地，受世代海南人民的顶礼膜拜。峰峦云海之间是玉蟾宫，其供奉祭祀中国古代先祖数百位，上有沧海桑田盘古蟾，内有神仙修行真洞天，东有北斗七星守苍翠，西有九宫八卦护乾坤。烟云浩瀚，殿阁缥缈，宛若蓬莱仙境落人间。

2 海南热带飞禽世界

目前中国最大的鸟文化主题公园

游玩推荐：鸵鸟、珍珠鸟、鸟类表演

海南热带飞禽世界是目前国内最大的鸟文化主题公园。在这由近千种不同植物装点而成的生态空间里，展示着 300 余种 3 万余只各式热带飞禽，涵盖了海南鸟类的绝大多数。有世界最大的鸟——鸵鸟，有世界上第二小的小鸟——珍珠鸟，有飞得最高的鸟——天鹅，有鸟中“潜水冠军”——凤头潜鸭等，特别值得一提的是，其中有五十余种鸟类，都属于海南独有的鸟类或亚种，一般是难得一见的。在这个鸟类王国中，除了能欣赏到各种各样千姿百态的鸟类外，多才多艺的鸟类明星们还将带来精彩纷呈的各类表演。

INFO

地址
定安县塔岭开发区

交通
从海口东站或南站坐省汽快车到定安县，然后再从定安坐中巴车到景区

门票
35元

3 母瑞山革命根据地纪念园

琼崖纵队根据地

游玩推荐：革命斗争史料、珍贵文物

海南省定安县母瑞山革命根据地纪念园属海南省青少年革命历史教育基地，位于海南省定安县南部的中瑞农场，在原红军操场司令台遗址上建设，于 1996 年 8 月 1 日建成。母瑞山是琼崖纵队的根据地，革命历史上著名的“23 年红旗不倒”指的就是母瑞山革命精神。2019 年 9 月，被评为全国民族团结进步模范。

INFO

地址
定安县南端的中瑞农场内，地处定安、琼海交界处

交通
乘海口至定安的省直快车，再乘当地的中巴至目的地

了解历史掌故

冯白驹（1903—1973 年）是琼崖革命武装和根据地创建人，1939 年 2 月日军入侵海南岛，他在琼山县潭口指挥了阻击日军的战斗，打响了琼崖抗战的第一枪。不久部队扩编为广东省琼崖抗日游击队独立总队，其担任总队长，并率部开展独立自主的敌后抗日游击战争，挫败了日伪军的多次“扫荡”和蚕食。他领导海南军民坚持革命战争 23 年红旗不倒，被誉为“琼崖人民的一面旗帜”。

4 太史坊

为纪念国史官王弘诲而立

游玩推荐：太史坊额、太史坊大柱

太史坊坐落于定安县雷鸣镇龙梅村，建于明万历二年（1574 年），系右副都御史殷正茂，巡抚广东监察御史张守约为国史官王弘诲所立纪念物，故称太史坊。坊通高约 5.1 米，面宽三间，明间（除柱）宽约 2.84 米，次间（除柱）宽约 1.3 米。明间太史坊额石面宽约 0.8 米，长约 3.1 米，顶盖及专额石之间竖一石，上刻“恩荣”二字。

INFO

地址
定安县雷鸣镇龙梅村

交通
从海口乘坐至定安的省直快车，然后在客运站乘坐前往雷鸣镇的巴士

门票
免费

了解历史掌故

王弘诲于嘉靖四十年（1561 年）参加乡试中辛酉科解元，时年二十，4 年后中乙丑科进士，选翰林院庶吉士，历任翰林检讨、编修、会试同考官、南京国子监祭酒、南京礼部尚书等职，卒后赠太子少保。王弘诲一生著作甚丰，在文学上颇有成就，自成一家，著有《尚友堂稿》《吴越游记》《天池草》等。他的主要作品“婉转深切”“宏中肆外”“有为而作”。他的诗文笔调清新，文字精练，感情真挚，主旨确切，格律严谨，用词遣字非常讲究，吟咏起来音节锵然。龙梅村现遗存有王弘诲修建的八角殿。

5 南丽湖

海南省较大的淡水湖之一

游玩推荐：岛屿、高尔夫球场

南丽湖是天然的水上公园，湖中有 13 座岛屿。南丽湖开发建设的基础工程及旅游设施进展迅速，在完成道路交通、供电供水等建设的同时，豪华的大酒店、餐厅、别墅、水面娱乐及高尔夫球场等旅游设施相继建成，是一个理想的旅游度假名胜风景区。

INFO

地址

定安县中部的雷鸣镇

交通

从海口乘汽车到达安定县，然后再从定安坐中巴车到景区

门票

免费

6 仙沟塔

海南保存较为完整的古塔之一

游玩推荐：塔上字刻、塔额

仙沟塔又名见龙塔，由砖石砌成，共 7 层，高约 25 米。塔砖有《千字文》的单字印记，底层正面额上刻有“见龙塔”三字。见龙塔是典型的风水塔，因它是依易经八卦而设计的，塔为八面体，墙上分别纹印着“日、月、星、辰、天、地、玄、黄”等字，底层正门刻着“风调雨顺，国泰民安”等字，今仍清晰可辨。

INFO

地址

定安县城东南约7千米的龙滚坡上

交通

从海口乘汽车到达安定县再从定安坐中巴车到景区

屯昌景点

1 木色景区 综合旅游度假区

游玩推荐：木色湖、枫木鹿场、东坡石

木色景区以两湖（木色湖和雷公滩湖）为中心，西部有牛血岭、吊月岭，西北部有晒谷岭、鸡嘴岭、琼凯岭，北部有双乳岭、黄竹岭，峰峦叠翠。风景区内有仙人洞、猴子座、铜鼓石、东坡石、热带植物园、枫木鹿场等景点。

INFO

地址
屯昌县枫木镇

交通
在海口南站乘坐到琼中的中巴车，在屯昌枫木镇金山风情度假村下车

2 枫木鹿场 我国南方规模较大的综合性养鹿场

游玩推荐：喂鹿逗趣、购物、展览馆

枫木鹿场是我国南方规模较大的综合性养鹿场，占地约 15 万平方米。共有 700 多头坡鹿、水鹿、马鹿、梅花鹿、麋鹿和黄鹿生活在这椰林摇翠、芳草如茵的乐土。枫木鹿场内建有观鹿园、鹿趣园、展览馆等，在这里还可以买到美容防衰的鹿系列化妆品，补身长寿的鹿茸片、鹿茸胶、茸血酒等。美丽的湖水，绿色的原野，设计奇妙的建筑，加上已经驯化、温顺的鹿群，构成美妙有趣的童话世界。游人可以进入场内与驯化的鹿群嬉戏、合影留念，也可以购一些红薯片喂鹿逗趣，在这里可尽情体味人与动物和睦相处的美妙感觉。

INFO

地址
屯昌县枫木镇木色湖半岛上

交通
在海口南站乘坐到琼中的中巴车，在屯昌枫木镇金山风情度假村下车

门票
免费

亲历者体验 FOLLOW ME

鹿场面积很大，但放养着梅花鹿供游人观赏的地方只是个小山坡。梅花鹿在冬季会换毛，因此身上的梅花斑点并不明显，只有在春天白斑点才会再长出来。采鹿茸的时节是在清明节前后。

3 卧龙山 景观奇异的石山

游玩推荐：龙湖、龙头峰、奇石

卧龙山地处海榆中线干道旁，是距屯昌县城约 11 千米的一座石山，海拔约 499 米。有四个山峰和几个高低不等的小山岭蜿蜒相伴，状如卧地长龙。卧龙山 4 座山峰奇石众多，有龙口石、龙脑盖等“十二绝”景观，山下有一龙湖，湖水清澈，绿树郁葱。卧龙山山势峭拔，怪石嶙峋，山峦叠翠，气势雄伟，山上奇石幽洞，千姿百态，巧夺天工。第四峰龙头峰上悬崖峭壁，高达数十米，是寻幽探险的好去处。

INFO

地址
屯昌县中部地处海榆中线干道旁，距县城屯昌镇约11千米

交通
从海口乘车至屯昌市，然后乘车至大同镇，再坐人力车至卧龙山

门票
免费

亲历者体验 FOLLOW ME

1. 卧龙山基本上没有开发，去的时候最好找当地居民带路，以确保安全。
2. 最好是在山下的大同镇买好所需食物和物品。山上没有餐饮和小店。
3. 山脚的湖边有蟒蛇，不要轻易下湖。另外，山上蚂蟥等虫子比较多，事先要做好防虫的准备。

4 深田湖避暑山庄 享有“屯昌明珠”之美誉

游玩推荐：泛舟、垂钓、湖光山色

深田湖避暑山庄面积约 10 平方千米，享有“屯昌明珠”之美称。深田湖呈半月形镶嵌在绿山翠野中，湖水如碧玉，青山若翡翠，享尽了热带山水的秀色，分外动人。深田湖里有两个半岛，宛如两把绿色的巨伞，岛上散布着许多形态各异的石头。泛舟湖中，令人有“船在画中行”之感，又有渔舟钓艇，木排竹筏穿梭湖中，动静结合，甚为美妙。

INFO

地址
屯昌县县城西北约5千米处

交通
从海口乘汽车至屯昌县

5 白鹭乐园

人类自觉保护鸟类形成的一处独特生态景观

游玩推荐：果树林、白鹭

INFO

地址
屯昌县屯城镇北约2千米的三发乡洪斗坡村

交通
乘车至屯昌县，然后坐人力车至洪斗坡村

门票
免费

白鹭乐园是完全由村民自觉保护的自然景观，是一个生趣盎然的“白鹭鸟乐园”。从20世纪60年代起，白鹭鸟便在洪斗坡村落户，并成百上千地繁殖起来。为了给白鹭鸟提供更多更好的生息繁衍的条件，洪斗坡村人在村庄四周的荒坡上种植了大批果树林，把荒山变成一片片新绿，如今这里已成了成千上万白鹭栖息的乐园。

亲历者体验 FOLLOW ME

栖息在这里的鹭类有四种：一种是翅膀大，毛雪白，尾短颈长，脚高嘴尖，鸣声洪亮，性情温良，人们叫它白鹭，这种鹭数量居多；一种是体形高大瘦削，羽毛灰白，颈脚皆长，专善涉水捕食，人们叫它苍鹭；第三种叫蓑衣鹭，其羽毛半麻半白，头、背和胸部都披着疏松的蓑羽，有如全身披一张蓑衣，因而得名；第四种个子较小，羽毛红白相间，人们叫它牛背鹭。每当秋、冬季节，诸鹭迁徙他地越冬时，牛背鹭就“留守”看家。

6 羊角岭天池旅游区

盛产高纯度天然水晶而闻名

游玩推荐：水晶矿床

羊角岭天池旅游区位于屯昌县城南约4千米处的羊角岭顶端。羊角岭海拔200多米，为我国最大型、最富集的水晶矿床所在地，也是当今世界上超大型水晶矿床之一。主矿体周围尚有十几个金矿小矽卡岩体和大片砂矿分布。羊角岭水晶原矿以其透明度高，质地纯净著称。

INFO

地址
屯昌县城南约4千米处的羊角岭顶端

交通
从海口乘汽车至屯昌县

门票
免费

水晶

水晶是一种透明的石英结晶，呈六角柱状，硬度很高，纯洁无瑕、高雅脱俗。水晶有多种用途，水晶性质辛寒无毒，药用可主治惊悸心热，并具有安心明目、赫眼、慰热肿、咳逆上气、益毛发、提神、补肾等神奇功能。水晶眼镜最利于眼睛保健，透明度高，清凉养目。民间认为水晶是驱邪避凶，能给人带来好运的吉祥物。

琼中景点

1 黎母山国家森林公园 野生动物的乐园

游玩推荐：瀑布、热带森林、野生动物、石景

海南三大山脉之一的黎母山以瀑布多著称，景区还有极为丰富的热带森林资源，是野生动物的栖身乐园。黎母山主要由黎母石景区、吊灯岭景区、翠园景区、天河景区、鹦哥岭景区、开河瀑布六大景区组成，各景区互为衬托，相映生辉。景区内石山、石景独具一格，堪称一绝。其中黎母石景区位于黎母山东南面．景观以石景为主，以黎母石像及黎母庙为中心。

INFO

地址

琼中黎族苗族自治县黎母山镇

交通

乘坐海口至琼中黎族苗族自治县的班车，到乌石镇下车

门票

免费

亲历者体验 FOLLOW ME

黎母石景区位于黎母山东南面。景观以石景为主，以黎母石像及黎母庙为中心。黎母庙里供奉着黎母娘娘的神像，每年“三月三”节期间，海南各处的黎族同胞便纷纷从各处上黎母山祭拜黎母，这一年一度的深山聚会更使黎母山显得与众不同。

黎母山的由来

相传天上七仙女曾来此山游玩，其中桃花仙女迷恋此山美丽富饶，认为可以传播人类，便化为金南蛇产下一卵，后经雷公划破，跃出一位少女，号称黎母，从此诞生黎族人。据古代星宿与地学家认为，天上二十八宿之一的女宿对应着黎母山，故古称为“黎婺山”。

2 百花岭风景区

有“绿色宝库”之称

游玩推荐：百花岭瀑布、百花溪、观音岭

百花岭风景区素有“绿色宝库”的美称。主峰海拔 1100 多米，与东面的五指山、西北部的黎母山形成三足鼎立之势，峰峦叠嶂，巍峨蜿蜒。百花岭瀑布是景区的特级景观，是游客观赏的主要景点。此外，景区还拥有百花溪及观音岭、芭蕉岭、马龙岭等景观。

INFO

地址

琼中黎族苗族自治县根营镇东南约7千米处

交通

从海口乘车至琼中黎族苗族自治县根营镇，然后乘中巴至风景区即可

门票

免费

亲历者体验 FOLLOW ME

百花岭瀑布落差高度达 300 米，巨瀑分三级跌宕泻下，其声喧哗，其色雪白，其势磅礴，蔚为壮观。站在观瀑亭中，昂首仰望，瀑布如哈达从两颗古树之间贴绝崖峭壁飞泻而下。往上攀树爬藤而上就达到第二级，有妙药池。据说这级瀑布的井形池中，随着飞瀑的冲击，不时腾滚出一种红色的花果，这红色的花果是包治百病的灵丹妙药，故而得名。最高的一级称为金龙吐珠，因其有一股清泉从山顶飘逸而下，激起的水雾在阳光的反射下，呈现五彩缤纷。两边的两股支流，像银白龙牙从血口伸出；再加上两壁生长的翠竹枯木，似龙爪与龙须，故人们美其名曰“金龙吐珠”。

3 鹦哥岭

主峰似蹲在岩石上的断嘴鹦鹉

游玩推荐：鹰嘴峰、天然湖泊、眺望五指山

INFO

地址

琼中黎族苗族自治县鹦哥岭风景旅游区

交通

乘坐海口至营根镇的汽车，当地有中巴车到景点

鹦哥岭是海南三大山脉之一黎母山的重要支脉，最高峰鹦嘴峰海拔约 1811 米，为海南第二高峰，因形似鹦嘴，气势磅礴而得名。登山顶可眺望五指山，尽览美景。旅游区内山川溪谷纵横交错，天然湖泊星罗棋布。山林深处保存完整的热带原始森林，生长与保存多样的植物群落，蕴藏多种自然资源。

4 白沙起义纪念园

纪念白沙黎族、苗族人民武装起义而建

游玩推荐：纪念馆、纪念碑、实物资料

白沙起义纪念园是为纪念 1943 年 8 月黎族首领王国兴、王玉锦领导的白沙黎族、苗族人民武装起义而建的。馆内陈列白沙起义的实物资料，红墙青瓦的纪念馆及花岗石的纪念碑相映，立于花木丛中，构成一幅美丽的画面。

INFO

地址

琼中黎族苗族自治县红毛镇

交通

乘坐海口至琼中黎族苗族自治县的汽车，当地有中巴车到景点

五指山景点

1 五指山风景区

海南的第一高山

游玩推荐：攀五指山峰、峡谷漂流、观音禅寺

五指山是海南岛第一高峰，以形如五指而得名，是海南岛的象征。山中晨凉午热，夕暖夜寒，故有一日四季之说。山上多泉、湖，有天桥和原始森林，很有探险的味道。目前游客可以攀登的是“第一指”和“第二指”（五指山的最高峰）。五指山大峡谷漂流是全国唯一可四季漂流的峡谷漂流点。

景区内还有白沙起义第一次会议会址、琼崖纵队司令部旧址等纪念地，有五峰寺、玉皇宫、灶君堂及盘古庙等佛寺、庙宇，其中最有名的是观音禅寺，它是五指山寺庙群中历史最久远的一座。

INFO

地址

五指山市水满乡境内三月三大道森林湖旁

交通

从五指山市到五指山脚下（水满乡）的班车最早的一班是9:30，在汽车总站坐车，到达水满乡后可乘坐三轮车去往景区

亲历者体验 FOLLOW ME

1. 登山的最佳时间是每年 11 月至次年 4 月，最好避开 5~10 月的雨季。雨季期间五指山路滑难走，而且山间蚂蟥特别多。

2. 登山最好早点出发，山上有时从 16:00 就开始起雾了，较危险。

3. 五指山上下要一整天，有的路段须手足并用。一般要在山下住一夜。

4. 山上缺水，登山前一定要准备足够的水。因为登山来回需要时间较长，最好准备一点干粮补充体力。

了解历史掌故

五指山中的最高峰为“二指”，海拔约 1876 米，比五岳之首的泰山还要高出三百多米。这里山势非常险要，攀登更难，有一座由天然巨石架成的“天桥”，传说神童仙女常到桥上云游玩耍。二峰之后是三峰，三峰原是五指山的最高峰，后被雷劈去一截。接着是四峰、五峰。这五座山峰虽然分立，但实际上却是山体相连。置身于峰峦，只见云雾从身边徐徐飘过，似置身在仙境中。

五指山之最

五指山是我国生态系统多样性、生物种类多样性、生物基因多样性最为丰富的地区；是海南省面积最大的自然保护区；是我国热带雨林海拔最高和相对高差最大的保护区；是我国热带植被类型最多，植被垂直带谱最完整的自然保护区。

2 五指山热带雨林风景区

原始森林遍布

游玩推荐：热带原始森林、珍禽异兽

五指山热带雨林风景区遍布热带原始森林，层层叠叠，逶迤不尽，海南主要的江河皆从此地发源，山光水色交相辉映，构成奇特瑰丽的风光。五指山林区是一个蕴藏着无数百年不朽良树的绿色宝库。进入原始森林，落叶厚达 50 厘米以上，空气里充满了一种独特的树脂香味，薄雾像一条透明的纱巾，环绕在深山绿谷之间。五指山还是珍禽异兽的王国，这里生活着的动物，有两栖类、爬行类、鸟类、兽类等多种。

INFO

地址
五指山市水满乡境内

交通
自驾或包车前往

门票
30元

开放时间
8:00~19:00

3 五指山大峡谷漂流

有“神州第一漂”的美称

游玩推荐：勇士探险漂、情侣逍遥漂、奇石

五指山峡谷漂流地处热带雨林腹地，冬暖夏凉，因其水流落差急缓有致、险象环生和两岸奇伟峻逸、云雾缭绕的山峰，故有“神州第一漂”的美称。漂流全程长约6千米，最大落差约8米，峡谷奇石林立，千姿百态；船行其间忽左忽右，或前或后，高空飘落，惊险至极，让人回味无穷。

INFO

地址
五指山市水满村

交通
可从海口南站坐车到五指山汽车站下，再从市区坐小班车到水满乡下，转乘小三轮车可到

门票
150元

开放时间
9:00~16:00

亲历者体验 FOLLOW ME

五指山峡谷漂流分为“勇士探险漂”和“情侣逍遥漂”两个项目。“勇士探险漂”河段水流湍急、河道复杂，在热带雨林、奇峰、瀑布、绝壁中激进，惊险、刺激，强调彼此协作的合作精神，全程如激昂而跌宕的命运交响曲。“情侣逍遥漂”河段水流平缓，两岸田园风光秀美，花红草绿，憩静的黎族村落掩映在青山翠竹之间，整个过程如一段舒缓浪漫的小夜曲。

4 五指山蝴蝶牧场

海南的蝴蝶王国

游玩推荐：蝴蝶博物馆、天然蝴蝶园、蝴蝶池

五指山蝴蝶牧场与热带雨林风景区相邻，是我国以蝴蝶为主题的大型蝴蝶养殖园。牧场内设有蝴蝶博物馆、天然蝴蝶园、梦秋千园、赏蝶园、蝴蝶池等景观。五指山是蝴蝶的天堂，有600多种蝴蝶繁殖生长在这里。五彩斑斓的蝴蝶点缀了景色多姿、景致万千的五指山，为五指山增添了无限魅力。

INFO

地址
五指山市五指山风景区

交通
可从海口南站坐车到五指山汽车站下，再从市区坐小班车到水满乡下，转乘小三轮车可到

5 海南民族博物馆

海南最大的综合性博物馆之一

游玩推荐：海南第一龙门、历史展厅、黎族文化村

海南民族博物馆是海南目前最大的博物馆之一。这座具有民族特色的四合院式建筑，雕梁画栋、飞檐翘角、古朴壮观。馆内辟有6个主展厅和2个机动展厅及民族工艺商场和工作室，互配成套。各展厅分别展出各种文物、民族民俗物品、历史图片和资料，反映了从新石器时期起的各个历史阶段黎族、苗族人民的政治、经济、文化和风土人情，以及他们同其他民族同胞共同发展、建设海南的历史。

INFO

地址

五指山市冲山镇海榆北路

交通

从海口汽车站乘大巴至五指山市即到

亲历者体验 FOLLOW ME

博物馆迎宾大厅有一座海南第一龙门，它是由19块花岗石加工而成的大型石雕，非常值得欣赏。展厅中以历史展厅最为丰富，陈列有各类石器工具、贝币、陶器、青铜器、彩陶器、瓷器、五铢钱石币等，以及历代在海南活动过的名人如李德裕、苏东坡、黄道婆、海瑞等人的实物资料。民俗录像播放厅主要播放黎族、苗等民族丰富多彩的民间歌舞。馆内侧建有黎族文化村，生动再现了黎族同胞的生活和劳动情景。在这里可以领略黎族风情民俗，观赏黎族歌舞，观赏热带奇花异草，购买民族工艺品，品尝黎族饮食。

6 阿陀岭森林公园

有“天然空调”之美誉

游玩推荐：登山、摄影、飞瀑

阿陀岭森林公园自然景观丰富多彩，包括原始森林、人工林、群山、溪流、飞瀑、清泉等，山水相依，景色绮丽。阿陀岭风光秀丽，环境优美，空气清新，非常适合开展观光、摄影、登山等主题旅游。

INFO

地址

五指山市翡翠城北郊

交通

从海口汽车站乘大巴至五指山市转乘中巴车可到

亲历者体验 FOLLOW ME

公园内的森林主要类型有热带雨林、热带季雨林和常绿阔叶林等，野生植物共有 1600 多种，此外还有多种花卉与绿化树种等；野生动物资源也十分丰富，拥有兽类 30 多种，两栖爬行类约 40 种，鸟类 120 多种，其中包括国家级珍稀保护动物巨蜥、蟒蛇、孔雀雉、海南山鹧鸪等 6 种，国家二级保护动物穿山甲等 16 种。

7 琼崖纵队司令部旧址观光园

革命根据地旅游景点

游玩推荐：革命根据地、黎苗风情

琼崖纵队司令部旧址观光园是以爱国主义教育为主题，集观光、度假、休闲为一体的服务岛内外的公园。公园围绕“革命根据地”“少数民族风情”两个文化背景，弘扬革命精神，推介少数民族优秀传统文化。让人们在缅怀先烈和英雄，领略革命前辈战斗功勋的同时，珍惜现代的美好生活；让游人欣赏青山碧水，陶醉于自然美景的同时受到爱国主义思想的熏陶。

INFO

地址
五指山市毛阳镇毛贵管区

交通
在五指山市内乘坐去往毛阳镇方向的中巴车可前往

8 太平山瀑布

“南国夏宫”

游玩推荐：壮观的瀑布、五指山度假村

太平山海拔 800 多米，山上古藤交错，岩石奇秀。太平山瀑布奇伟壮观，特别是到雨季水量充足时，飞瀑倾泻下来，冲击下面的巨石飞溅起如珠似玉的水花，轰声如雷，回荡不息，景象十分壮观。山下是五指山度假村，琉璃红瓦，环境幽雅。

INFO

地址
五指山市东北约6千米处

交通
乘坐海口至五指山的省直快车，再搭乘当地汽车可达

门票
免费

亲历者体验 FOLLOW ME

过了石拱桥不远便是瀑布，此瀑布悬于两巨石之间，从百米高处飞流直下，像一匹白练，飘逸而下，落入深潭，显得媚秀万分。瀑布所在的山下便是五指山市度假村，系国家级豪华型涉外度假酒店。酒店区内设施齐全，环境幽雅，与自然景物相互辉映，使这里显更加瑰丽雅秀。

9 毛岸苗村 保留着浓郁的苗族风情

游玩推荐："三月山"节日、面村建筑

毛岸苗村保留着浓郁的民族特色，特有的山兰禾架和竹编的小谷包点缀着房前屋后。每当"三月三"佳节，苗族同胞便跳起欢乐的舞蹈，捧出山兰米饭和野味山菜，欢迎远方的客人，让人倍感亲切，游趣大兴。

INFO

地址

五指山市冲山镇南郊约15千米处

交通

自驾或包车前往

10 中华民族文化村 集艺术、游览于一体的民族文化旅游区

游玩推荐：船型屋、蒙古包、鼓楼、歌舞表演

中华民族文化村是一个集各民族民居建筑、民俗风情、民间艺术于一园的大型民族文化游览区。中华民族文化村内竹楼、船形屋、蒙古包、四合院等二十几个民族民居均按原景观大小建造，鼓楼、风雨桥、长城等上百个景点依村傍寨巧妙布局、错落有致，与自然山水融为一体。

INFO

地址
五指山市南圣镇

交通
乘海口至五指山市的省直汽车

亲历者体验 FOLLOW ME

中华民族文化村里不仅有来自全国各地民族歌舞演员推出的打柴舞、霸王鞭、孔雀舞、目脑纵歌、锅庄舞、鄂尔多斯等民族歌舞表演，还有叮咚、象脚鼓、芦笙、冬不拉、木鼓、三弦等民族器乐演奏和泼水节、“三月三”、火把节等热闹的旅游节庆活动。

11 番茅黎寨 黎胞聚居的自然村

游玩推荐：船型屋、黎族刺绣、鼻笛

番茅黎寨位于海南五指山市区北面约 1.5 千米处，这儿周围群山滴翠，田畴连片，一派田园风光，是黎胞聚居的自然村。据说海南黎族祖先原生活在海上，以船为家，后迁入陆地，为怀念先祖的船家，在陆上盖成船形屋。

黎寨妇女精于纺织和刺绣，凭着灵巧的双手，用简单的工具便可织出精美图案的头巾、上衣、石榴裙等黎锦民族工艺品。寨里黎族同胞能歌善舞，山歌对唱曲调优美，抒情动听。别具一格的吹奏鼻笛和铜笛，具有独特的民族风格和浓郁的生活气息。

INFO

地址
五指山市北郊

交通
乘汽车或包车前往

保亭景点

1 槟榔谷 本地居民文化守护天堂、神秘雨林的守望者

景区等级：AAAAA 级　　游玩推荐：文身文化馆、多彩表演、苗家体验

槟榔谷两边森林茂密，中间是一条连绵数千米的槟榔谷地，故称槟榔谷。景区由本地居民黎村、原蚩尤苗寨和原始雨林谷三大版块组成，是一个集观光旅游、休闲娱乐、文化展示为一体的多元型复合式旅游风景区。

在槟榔谷旅游区有海南最完整的两大非物质文化保护遗产博物馆，以及海南独一无二的文身文化馆。在这里，还可以品尝少数民族的饮食，欣赏古乐队的传统表演，与黎族阿哥阿妹共跳竹竿舞，共唱山情歌，试一把传统的扎鱼。跨进苗寨的牛头门，喝一碗苗家拦门酒，帮阿婆晾晒蜡染画布，看姑娘们跳一段热烈奔放的甩发舞，感受黎族、苗族文化的原始与淳朴。

INFO

地址

保亭黎族苗族自治县甘什岭自然保护区境内

交通

可从三亚汽车总站乘坐开往保亭、五指山方向的客车，直接在槟榔谷景区下车

门票

旺季96元，淡季80元，滑索35元，观光车35元

开放时间

8:00~18:00

亲历者体验 FOLLOW ME

非遗村文化体验区：在非遗村内游览海南本地居民四大主题博物馆：无纺馆、麻纺馆、棉纺馆、龙被馆。

百年古黎村文化体验区：在百年甘什黎村置身远古的黎族部落，体验做一回真正的黎家人。

谷银苗家文化体验区：到苗寨喝一杯拦门酒，听一曲苗岭飞歌，看一场惊心动魄的“上刀山、下火海”表演，体验古老的苗染苗绣技艺。

《槟榔·古韵》大型实景演出体验区：美妙的舞姿、动听的歌谣、古老的传说、永恒的历史，都在浓浓的歌舞演出中巧妙融合，令人流连忘返。

兰花小木屋民宿体验区：邻山侧畔，雨梭如帘。聆听田野蛙鸣的交响，编织星光斑斓的黎家梦，关闭电源，筑梦雨林。在高空滑索，乘着风飞的梦想，划过烦恼的牵绊，体验速度与激情的快感。

田野黎家民宿体验区：仰望层峦叠嶂如同墨染一般的山峰，俯视缥缈的船形屋。农耕于山，于田，于涧；农食于蔬，于野，于心。忘却世间纷扰，悠然黎家，隐逸田园。

热带雨林

热带雨林一般是指阴凉、潮湿多雨、高温、结构层次不明显、层外植物丰富的乔木植物群落。热带雨林许多独特现象是其他森林所没有的。一是大板根现象：大树具有板状的树根，树干基部常会长出多姿多态的板状根，呈放射状向下扩展。二是老茎生花现象：很多新的植物在老茎秆上开花，结果。三是寄生现象：很多小型植物附生在其他植物的枝干上发芽生长。四是绞杀现象：通过绞杀其他植物而让自己蓬勃生长。五是藤本攀升现象：有些藤类植物长达数百米，穿梭悬挂于树木之间，使人难于通行。六是独树成林树现象：这些树生长着许多发达的气根，这些气根从树干上悬垂下来，扎进土中后，还继续增粗，形成了许许多多“树干”，非常壮观。

2 呀诺达雨林 典型的热带雨林景观

景区等级：AAAAA 级　　游玩推荐：热带雨林奇观、热带瓜果、温泉

呀诺达雨林是中国唯一地处北纬 18 度的热带雨林，是海南岛五大热带雨林精品的浓缩，堪称中国钻石级雨林景区。景区以天然形胜和热带雨林景观为主体基础景观，融热带雨林文化、黎峒文化、南药文化、生肖文化等文化理念于一体。

这里还有神奇的绞杀现象、空中花篮、老茎生花、藤本攀附、高板根、根包石六大热带雨林奇观。在气候上，它是避暑消寒之谷；在地质上，它是瀑布溪水之谷；在养生上，它是南药温泉之谷；在文化上，它是黎族风情之谷。

INFO

地址

保亭黎族苗族自治县三道镇，海榆中线三亚至保亭方向约18千米处

交通

在三亚总站乘坐三亚至保亭班车，在三道农场路口下

门票

150元（含游览车费用）

开放时间

8:00~17:30

亲历者体验 FOLLOW ME

呀诺达文化旅游景区集热带雨林、峡谷奇观、流泉叠瀑、黎峒风情、热带瓜果、南药、温泉多种旅游资源于一身。景区内有1400多种乔木、140多种南药、80多种热带观赏花卉和几十种热带瓜果，让呀诺达充满着无与伦比的热带风情。

呀诺达

呀诺达是形声词，在海南本土方言中，是一二三的意思。其意有三：

1. “呀诺达”代表海南方言，表示此热带雨林区是海南的，意在弘扬根植在海南海岛厚土中的本土文化。

2. “呀”表示创新，“诺”表示承诺，“达”表示实践，希望海南旅游以更加饱满的色彩走向国际舞台。

3. “呀诺达”一般解释为欢迎、你好等，表示友好和祝福。

3 仙安石林

中国唯一的热带雨林喀斯特石林

游玩推荐：奇石、悬崖洞穴、古树巨藤

INFO

地址

保亭黎族苗族自治县毛感乡仙安岭上

交通

从海口或三亚乘车至保亭黎族苗族自治县城，乘中巴到毛感乡再租车，可往返景区

仙安石林海拔约700米，四周悬崖峭壁，有古树相围，为我国仅有的热带岩溶石林地貌。景区集奇石青山、悬崖洞穴、古树巨藤于一体，是热带风雨溪流镂雕的艺术精品。石林景区呈现出热带低山雨林景观，填补了中国热带岩溶石林地貌的空白，富有重要的科学价值。1995年，即石林发现后的第4年，距此数十里地的一个苗村搬迁到南片石林旁的一处平地上，为石林染上一层浓郁的苗家风情。

亲历者体验 FOLLOW ME

5~10 月份是海南山区的雨季，这个时候一般上午天气晴朗，下午有雨，去仙安石林一定要赶在下午前结束行程。丛林中常有蚂蟥，最好带一块碱性比较大的肥皂或祛风油涂抹鞋子、袜子和腿脚。

七仙岭

融温泉、热带雨林为一体的旅游胜地

游玩推荐：七仙岭山岭、七仙岭温泉

七仙岭又名七指岭，以七个状似手指的山峰而得名，属海南岛的名山之一。景区主要由七仙岭山岭和七仙岭温泉两部分组成。温泉位于七仙岭山下，现在已经成为著名的温泉旅游区。这里的独特魅力在于温泉、奇峰、民族风情和热带田园风光融为一体。七指岭主峰约 1126 米，无论登临峰巅，还是下到温泉区，都如同置身于仙境。

INFO

地址
保亭黎族苗族自治县东北边七仙岭风景区

交通
可从三亚乘汽车到达保亭黎族苗族自治县

门票
38元

开放时间
8:00~16:30

亲历者体验 FOLLOW ME

七仙岭七座山峰以似人的掌指竖立，直指苍穹，岭名由此而得。前峰高大，海拔约 1126 米，后六峰相依而小。七仙岭地区气候温润，年平均气温 23℃，全山密布原始热带雨林，是天然的动植物王国。

黎族、苗族歌舞长廊

体验黎族、苗族风情

游玩推荐：游村寨、赏歌舞、品美食

黎族、苗族歌舞长廊就是黎族、苗族文化的“博物馆”，这里有十几个黎族、苗族风情旅游村寨，包括黎族山寨、番茅黎寨、番空旅游村和保亭毛真苗寨等。每个村寨都可以体验民族风情，观赏民族歌舞。民族歌舞是其生活的真实反映。漫游黎族、苗族风情村，可参观民族文化村、民族博物馆、民族风情寨，参加民族节庆活动，参与民族歌舞和民族体育活动，品尝地方餐饮，进行热带山地雨林考察等。

INFO

地址

五指山市至保亭黎族苗族自治县一带约十几千米的路段两侧

交通

可先乘海口至保亭的快车，再换保亭至五指山的车，到达后沿着南圣河北岸走约2千米即到

亲历者体验 FOLLOW ME

跳柴舞：黎族地区山高林密，相传先民们建茅屋时，竹竿不断从屋顶滑下，人们为避免打脚碰头刺脸，便不断地跳呀跃的。这情形颇具趣味，就逐渐模仿和改进，形成了“跳柴”。跳时，人们在晒谷场或山坡的地坪上，平行地摆开两条小腿般粗的四方木（木桁条）或圆木，在有规律，有节奏的叩击声里，跳柴者在圆木条分合的瞬间空隙中，不但要敏捷地进进退退，还要自然地做各种花样的舞蹈动作和表演。

钱铃双刀舞：黎族男子尚武，跳舞时身着传统服饰，头缠红布，手执八寸双刀，与另一手持钱铃棍者对斗。钱铃棍有两尺长，两端各系着一串铜钱。舞蹈往往在一个特制的大簸箕里进行，闪亮的双刀四面勇猛地向持钱铃棍者佯刺。

6 毛感千龙洞

海南省发现的较大溶洞

游玩推荐：仙女浴池、龙门厅、凯旋门

毛感千龙洞目前是海南省发现的较大溶洞，占地约1.33平方千米，海拔500~700米。这里四季如春，风景优美。溶洞全长400多米，洞分上下两层，上层旱洞，由龙门厅、龙王殿、凯旋门、登天宫、通海长廊等串珠式大小六个洞厅组成。洞中有山，山中有洞，神秘奇特。洞穴处有一口奇幻美妙的仙女浴池，水深2米左右，清澈透底，鱼若空浮，堪称奇绝。最大洞厅长50多米，宽30米，高40多米，可容纳千余人。

INFO

地址

保亭黎族苗族自治县毛感乡千龙苗村附近，仙安石林东片区石峰下

交通

先乘海口至保亭的省汽快车，再乘中巴车可到

7 南国槟榔庄园

有海岛面积最大、最古老的槟榔园

游玩推荐：亚热带古树、山泉溪水、怪石

南国槟榔庄园位于保亭南端，这里有黎族别具风格的田园风光，有海南岛面积最大、最古老的槟榔园。庄园内种有多种亚热带古树，这里的山泉溪水成多级瀑布从园中穿流而出，冲击形成了形状各异的怪石群。

INFO

地址

保亭黎族苗族自治县南端

交通

乘海口至三亚的省汽快车，在三亚高速公路出口处乘中巴车至景点

亲历者体验 FOLLOW ME

南国槟榔园由三园（槟榔园、千种植物园、山栏园）、三舞（黎族歌舞、苗族歌舞、艺人表演玩蜂舞）、三怪（石头长出榕树来、蜜蜂学乖不蜇人、小孩爬槟榔树比猴子快）、二村（黎村风情、苗村野趣）、一馆（黎族、苗族文化展览馆）、一蜂（100 窝蜜蜂繁忙酿蜜）、一街（民族工艺品和土特产品一条街）组成。

8 甘什岭保护区

国内首次发现无翅坡垒树种

游玩推荐：登高远眺、青山秀水、林海

甘什岭保护区位于海南省三亚市东北面。保护区属低山丘陵地貌，为五指山脉南麓的延伸部分。区内峰峦起伏，山清水秀。登高眺望，东可见 10 千米外的内海，向西依稀可遥望三亚。

INFO

地址

保亭黎族苗族自治县南部和三亚交界处

交通

乘海口至三亚的省直快车，再乘当地中巴车至目的地

无翅坡垒

保护区内生长着大片热带珍贵树种——无翅坡垒，属龙脑香科乔木，树高一般在 12~15 米之间，树干通直，树皮平滑，呈红褐色，木质坚韧，是制家具的上乘材料。甘什岭上的无翅坡垒混生于次雨林中，这种生态群落较为独特，在我国首次发现，在国外也很少见。

9 热带植物园

有很多稀奇的热带植物

游玩推荐：热带植物、花卉观赏、热带水果

热带植物园种有 30 多个国家热带经济作物和国内珍贵的热带、亚热带植物，共有 91 科、420 种。热带植物园分热带作物标本区、热带果树区、热带经济作物区、南药区、热带林木区、花卉观赏区、油料作物区，种有神秘果、人心果、面包果、红毛丹、油梨、牛油果等稀奇古怪的热带植物。

INFO

地址
保亭黎族苗族自治县热带作物研究所内

交通
乘海口至保亭的汽车

10 布隆赛乡村文化旅游区

可体验农活乐趣

游玩推荐：黎族别墅、制作陶瓷、插秧体验

布隆赛乡村文化旅游区离呀诺达热带雨林景区仅 500 米，进入旅游区，一栋栋色彩鲜艳，具有黎族风貌的两层小别墅格外引人注目。当地黎族人也依旧在此地生活，并参与到了旅游区的开发中。现在旅游区里包含了度假别墅、商业街等项目，游人可小住一日，在这里体验制作陶艺、插秧体验、当地米酒制作或者烧烤休闲等活动。

INFO

地址
保亭黎族苗族自治县呀诺达热带雨林景区附近

交通
乘海口至保亭的汽车

五指山原始森林

五指山旅游资讯

交通 自助游必须掌握的交通

汽车

五指山市汽车站目前已开通到达海口、三亚、文昌、万宁、那大等地及其他各县的班车，交通方便。而出发来此地，一般在海口长途汽车西站、海口汽车东站或三亚汽车总站乘车。

市内交通

五指山市公交运营路线一般都在市区内，但是也开通了到达五指山风景区的路线。

住宿 驴友力荐的住宿地

五指山市住宿较为便利，连锁型经济旅馆、高档星级酒店等一应俱全。前来旅行可住在景区度假村或市区酒店。

住宿地推荐	
酒店	地址
珠江水晶酒店	五指山市河北区沿河西路16号
亚泰雨林度假酒店	五指山市水满乡五指山风景区
福安泰隆酒店	五指山市冲山镇海渝中线福安大厦
五指山旅游山庄	五指山市河北山庄路8号

美食 饕餮一族新发现

五指山地区是黎族、苗族等少数民族的聚居地，一些民族特色鲜明的美食也值得一尝。特色美食有肉质细嫩可口的水满鸭，此外，还有如鹿舌菜、百花菜、雷公笋、五指山卷毛菜、捞叶、野酸菜、佛手瓜藤等数十种的五指山野菜。皮厚油少、肉质结实的五猪脚也是不能错过的五指山美食。

购物 淘宝达人爱去的街店

五指山市最著名的特产是黎族纺织品，有黎锦、挂包、头巾、花带等，色彩鲜艳，图案古朴，富于装饰性，另外当地苗族的纺织品也很精美，特别是蜡染，非常有特色。

小贴士

在五指山也可去土特产商店、小摊铺甚至是小村寨，这里都是购买红茶、五哥苦瓜茶、野生灵芝宝、五哥灵芝茶等当地土特产的好地方。

第5章

海南东线旅游圈

海南东线指的是文昌、琼海、万宁、陵水一带，这里阳光充足、雨水丰富，历来是经济作物的生产基地，是海南经济及旅游开发最早、设施最完善、文化传统相对深厚的地区。东线四地景点各具特色：文昌以椰文化著称，有海南地区椰林最为繁茂集聚在海边的东郊椰林；琼海以博鳌为中心，有万泉河的入海口及博鳌亚洲论坛成立会址及永久会址；万宁一带兴隆热带植物园、热带花园景区尽显东南亚风情；陵水拥有我国唯一的岛屿型猕猴自然保护区——南湾猴岛。东线还是有名的温泉之乡，琼海官塘温泉、万宁兴隆温泉号称“世界少有，海南无双”。

文昌景点

1 铜鼓岭

有“琼东第一峰”之称

游玩推荐：风动石、鹧鸪茶

景区以铜鼓岭为中心，有神庙、和尚屋、尼姑庵等古迹，有仙殿、仙洞、风动石、海龟石等奇岩异石。特别是风动石，高3米多，重约20吨，海风吹来，微微摇晃，呼呼作响，千万年来，历经沧桑，多少个12级台风也不能把它吹倒，故得名“风动石”。

铜鼓岭不仅景观奇秀，而且自然资源丰富，有名贵的檀香木、多种药材、矿产、珍禽异兽。岭上的鹧鸪茶，为野生茶叶，冲泡色清可口，消滞解荤，能治四时感冒。近海盛产龙虾、鲍鱼、海胆等。

INFO

地址
文昌市龙楼镇

交通
自驾或乘汽车可到

门票
45元

亲历者体验 FOLLOW ME

铜鼓岭主峰海拔约338米，地貌奇特，植被繁茂，山美石奇，风光秀丽。游客上山时，可沿着盘山公路开车或步行。到达半山腰的雨林栈道入口处，然后沿着新修的登山古道一路而上，沿途可欣赏到很多珍稀植物、根抱石等热带雨林景观，意趣盎然。此外，在顶峰上观日出或看晚霞，也是一种极为美妙的享受。

了解历史掌故

相传东汉伏波将军马援挥师渡海，在此登岸设营，班师回朝时，遗下铜鼓，后人掘之，故以此为岭名。铜鼓岭西连内陆，东濒南海，绵亘20多千米，是海南的最东角；这里山美石奇，传说动人，素有“琼东第一峰”之美称。

2 东郊椰林 以椰风海韵和海鲜为主的海滨浴场

游玩推荐：椰林长廊、椰子产品一条街、喝椰子水

文昌椰树成片，椰姿百态，因而文昌别称“椰乡”，椰子种植面积和产量占全省50%以上，东郊镇又占全市椰子种植面积和产量50%以上，有红椰、青椰、良种矮椰、高椰、水椰等品种共50多万株。主要有椰林长廊、“椰子王”树、椰园小村、水尾圣娘庙、椰子工艺厂、椰乡民居、椰子产品一条街等景点。在椰林里喝新鲜椰子水，会感到通体舒畅。椰子水被当地农民称为天水，清甜甘美，含有多种有益元素。

INFO

地址

文昌市东郊镇海滨半岛

交通

在文昌市乘坐班车到文城镇，然后在文城车站附近乘坐中巴车到清澜港下

亲历者体验 FOLLOW ME

椰林环境优美，区内已建成多处海鲜坊、旅游码头、海滨度假村，开展有各种沙滩运动和水上活动，是休闲度假的理想之处。其中，占地约5万平方米的百莱玛度假村位于椰林深处，是一处不错的住宿场所；海鲜坊提供龙虾、鲍鱼等海鲜美食；天然海水浴场有多种水上运动可以体验；椰林海滩还是赏日落和拍摄日落的好地方。

3 宋庆龄祖居

宋庆龄的高祖、曾祖、祖父三代都居于此地

游玩推荐：陈列馆、宋庆龄像

宋庆龄祖居坐落在一片果树环抱的山丘上，周围绿树成荫，环境幽静。孙中山先生的夫人宋庆龄的高祖、曾祖、祖父三代都居于此地，其父亲宋耀如于1861年在这间祖居里诞生。现在的祖居为当地传统的农家宅院，由两间正屋、两间横屋、两间门楼和院墙组成。陈列馆设在此中，是一座庭院式古建筑，馆内分别陈列着宋庆龄青少年时代、革命战争年代从事世界和平事业及国内外各界人士对她的深切怀念的史料、照片、图表、绘画、仿制实物等，这些历史照片和珍贵文物，生动翔实地再现了宋庆龄光辉的一生。

INFO

地址

文昌市昌洒镇古路园村

交通

坐海口汽车东站到昌洒镇的大巴车或中巴车，然后再乘坐三轮车

开放时间

9:00—17:30

宋氏家族

从宋氏家族家谱可以看出，宋氏家族原来姓韩，最早居住在文昌市罗豆乌坡村。宋庆龄高祖叫韩儒循，曾祖叫韩锦彝，祖父叫韩鸿翼，从高祖韩儒循开始迁到了古路园村。祖父韩鸿翼有3男，即韩政准、韩教准、韩致准，其中韩教准为宋庆龄父亲。由于家境贫寒，韩教准在12岁时便跟随舅舅去了美国。后来，他被舅舅收为养子，并更名为宋嘉树，号耀如。宋嘉树共育3男3女，分别为宋蔼龄、宋庆龄、宋子文、宋美龄、宋子良、宋子安。

4 文昌孔庙

海南省保存最完整的古建筑群

游玩推荐：县衙、书院、大殿匾额

文昌孔庙始建于北宋庆历年间，后毁坏。明洪武八年（1375年）迁于现址，是海南省现存最完整的古建筑群。文昌孔庙历史悠久，规模宏大，建筑造型独特，雕龙画凤，飞金走彩，华丽堂皇，被誉为“海南第一庙”。庙的右边建有县衙，左边建有书院，庙里有大殿、庑堂、斋舍、门楼共37间。大殿里保存有清代康熙、嘉庆、咸丰、光绪皇帝分别玺印的四块涂金描红的匾额。

INFO

地址
文昌市文城镇文东路77号

交通
在文昌汽车站乘坐“风采车”可到

开放时间
8:00~18:00

亲历者体验 FOLLOW ME

大成殿是文庙的主体建筑，有框架式木结构建筑，重檐歇顶，给人古朴、庄重之感。殿内正中供有孔子坐像。坐像上方挂有四块涂金描红的巨匾，分别为清康熙皇帝玺印的“万世师表”、嘉庆皇帝玺印的“圣集大成”、咸丰皇帝玺印的“德齐帱载”、光绪皇帝玺印的“圣协时中”。

“状元不出，龙门不开”

孔庙门前的石阶旁，有一块“文武百官至此下马”的石牌。但这里并不是孔庙的正门。据说是因为当时的文昌县虽然人才辈出，却从未出现过一位状元郎，为此这里不开正门，叫作“状元不出，龙门不开”。进入庙门，左侧壁上雕着两条栩栩如生的镂空蟠龙，旁边竖着一座明清时代文昌进士芳名碑，共有16位；右侧是雄伟的棂星门，由四根白色石柱组成，横梁上嵌有三颗火珠，意思是期冀文昌能出状元之才。棂星门后是古老的状元桥，据说也是没有人走动过的，原因当然同“不开正门”一样。

5 张云逸纪念馆

于张云逸将军100周年诞辰而建

游玩推荐：张云逸铜像、陈列室、门楣

张云逸纪念馆建于1992年张云逸将军100周年诞辰之时。纪念馆坐东朝西，门楣正中镌刻着聂荣臻元帅亲笔题写的“张云逸纪念馆”6个金色大字。大门和陈列室中间是张云逸全身铜像，基座上的“张云逸大将”5个金字为彭真所题。馆内陈列着各类史料、照片及绘画书稿，系统地介绍了张云逸将军光辉的戎马生涯。

INFO

地址

文昌市文城镇文建路51号（近文昌市青少年宫）

交通

在文昌汽车站乘坐5路、10路等公交车在青少年宫站下可到

了解历史掌故

张云逸（1892—1974年），无产阶级革命家、军事家，中国人民解放军高级将领。原名运镒,又名胜之，广东文昌（今属海南）人。历经北伐战争、百色起义、抗日战争、解放战争等，历任红七军军长、中革军委副总参谋长等职。1955年被授予大将军衔。

6 高隆湾

被誉为“天然泳场”

游玩推荐：椰林、赏日出日落、沙滩

INFO

地址

文昌市清澜镇高隆湾旅游度假区

交通

在文昌汽车站乘坐5路公交车在椰海尚品站下可到

高隆湾东临南海，这里不仅风景秀丽，海岸椰林成带，而且风平浪缓，水洁沙白，四季常春，是文昌市的一线海景旅游区。这里景色美丽壮观，除了鸥群翱翔，千帆相竞，游客还可在早晨观看海上日出，在黄昏欣赏落日景观。高隆湾目前已建成多处大小度假村、酒店、高级别墅，以及大型淡水泳池和其他服务设施等，可以为游客提供最完善、最个性化的旅游服务。

7 椰子大观园 完整体现海南椰文化的殿堂

游玩推荐：椰林、椰子品尝、猴子摘椰子表演

椰子大观园是集科研、科普、示范与生态旅游等功能为一体的风景区。园区占地总面积约55万平方米，其中椰林面积约28万平方米，水上面积近13万平方米。目前园区内主要项目和景观有椰林森林浴、160多种珍稀棕榈植物、海南乡土椰制生活用品展、国内外椰子制品观赏、观赏猴子摘椰子表演、世界各地椰子品种形态欣赏等。

INFO

地址
文昌市新市区

交通
自驾或包车可到

门票
25元

亲历者体验 FOLLOW ME

除了可以观赏植物外，还有特色椰鲜果品尝、猴子摘椰子表演、投喂鸽群、垂钓、烧烤等休闲娱乐项目。其中猴子摘椰子表演相当精彩，经过人工驯化的猴子，以它的灵巧直入云霄，从高高的椰树上摘下椰子。游客可以品尝甘洌的椰汁。

海南椰文化

几千年来，椰树和海南各族人民结下了不解之缘，椰子几乎渗透到人们生活的方方面面。人们习惯在田园、土地、住宅边种上椰树，称“地界椰”；当男女双方快结婚时，男方到女方家下聘礼，要带去两棵长势兴旺的椰苗，这叫“订婚椰”；女方过门结婚，夫妻要共同栽下两棵椰树，这叫“结婚椰”或“夫妻椰”；待到孩子出生满月时，父母还得为子女种上两棵椰树，称“子女椰”；这些风俗习惯，千百年来世代相传，已成为海南人生活中不可分离的部分。

8 后港湾

被誉为“海上森林公园”

游玩推荐：红树林

后港湾地处文昌河、横山河、文教河等八条大小水系流注入清澜港的汇合处，港湾滩涂长着113.33多平方千米红树林，涨潮时，一望无际的碧水上，露出一簇簇浓绿的叶丛，这是高干红树冠顶。后港湾有着十分迷人的红树林，被人们誉为“海上森林公园”。红树林护岸护堤，又能保护浅海海产资源和鸟类资源，是保护海洋生态的理想植物。

INFO

地址

文昌市头苑镇东南部，距文昌市约8千米

交通

自驾或包车前往

红树林的繁育

红树林的繁殖非常有趣。它的种子下端粗大而末端尖锐，长度一般20厘米左右，种子在母树上成熟后，还要由母树“怀胎”一段时间。这段时间里，种子从母树体内吸收营养，慢慢萌芽、发育，待到具备独立生长能力时，才脱离母树，一个个往下跳，稳稳地插进淤泥，几小时之后，上边发出新芽，下边长出新根，不断成长起来，有的跳落在水里，能随波漂流两三个月，当遇到滩泥，三四个小时就能扎根生长。

9 清澜港景区

有“文昌之咽喉”的美称

游玩推荐：渔船、海鲜

清澜港景区以清澜港为中心，自古以来，就是海南岛东海岸重要商港，有“琼州之肘腋”“文昌之咽喉”的美称。明洪武元年（1368年），这里就形成了渔商小港，而现在这里已是海南东部水运物资集散地，是沟通西沙群岛、中沙群岛和南沙群岛的重要枢纽。

INFO

地址

文昌市清澜镇东南，距文城镇约 12 千米处

交通

海口东站有直接到文昌清澜港的普通中巴

10 木兰湾 隔海与大陆相望

游玩推荐：航标灯塔、木兰头、急水门

木兰湾形状似三角形，隔海与大陆相望，由木兰头、木兰湾和30平方千米的宽阔腹地组成。木兰湾有约97.2米高的航标灯塔，堪称亚洲第一。木兰湾腹地开阔平缓，保持着良好的生态环境。自然风景如诗如画，绿色草坪犹如天然高尔夫球场。距木兰湾约3千米处是木兰头，由七个具有独立性的月牙形沙滩、怪石区和约6平方千米尖三角形陆地组成。

INFO

地址
文昌市北端的铺前镇

交通
先乘海口至文昌的省直快车，再乘文昌到铺前的中巴车

了解历史掌故

急水门位于木兰头最北端突出岬角的前方。传说在清代末期，有几位英国水文地理专家对急水门的流速进行了测试，认定其水流流速仅次于英吉利海峡的世界第一急水门，此后，木兰头急水门的“世界第二急水门”说法就流传了下来。老渔民们说，很早以前木兰头急水门也叫“鬼门关”，水流至此由于礁石等原因必定加速，到了退潮时更是壮观，常会在海上形成一段段的“瀑布”。一些不熟这片海域海流的船只通常都会遇险，船破后木板被海浪冲到海岸上，堆积滩头腐烂掉，遂有“木烂头”的称呼。

11 海底村庄 中国唯一的因地震导致陆地陷落成海的古文化遗址

游玩推荐：地震遗址奇观

海底村庄是中国唯一的因地震导致陆地陷落成海的古文化遗址。沿着东寨港北上，在铺前湾海岸以北4千米左右的约10米深的水下，由地震导致的72个村庄沉入海底，形成现在的72个海底村庄。

INFO

地址
文昌市铺前镇一带的海湾海底

交通
自驾或包车前往

了解历史掌故

村庄成因是明万历年间一次大地震陆陷成海的灾难所致。史料记载，1605年7月13日午夜，琼州北部发生大地震，震中烈度为10度，震级7.5级。重震区为琼山、澄迈、临高、文昌四地，地震造成陆地沉陷成海，面积达100多平方千米。共有72个村庄缓慢下沉，为世间罕见的灾害遗址奇观。

12 七星岭

七峰如星，平湖似月

游玩推荐：七峰、大岭、斗柄塔

七星岭北面临海，海拔约117.4米，大小十余峰，其中七峰独高，似“七夕星斗”，隔海和雷州半岛相望。景区七星岭秀丽迷人，自古称为七星伴月。七星岭南面1000多米处有山岭，俗称大岭。此岭只有一峰，其峰与七星岭主峰并齐，岭巅上有百多米长的弯弯曲曲的战壕和哨所遗迹。大岭西面连绵起伏，怪石嶙峋，景观别致。

INFO

地址
文昌铺前镇东北边

交通
自驾或包车前往

亲历者体验 FOLLOW ME

岭上有巍然耸立的斗柄塔，始建于明代天启五年（1625年），重修于清代同治十三年（1874年）。斗柄塔呈八角形，共七层，高30多米。沿塔内螺旋式阶梯可登顶层，俯视琼州海峡，尽览远近景物，顿觉天高地广，心旷神怡。

岭区一峰半腰处有一泉眼，泉水长流不歇，水质清甜。峰脚下有一庙，名叫七星圣娘之神庙，造型古朴别致。主峰脚下东边约200米处有一淡水湖，俗名恐龙塘，面积约3.3万平方米，形如圆月，水深无比。

13 金沙岛 可以移动的小岛

游玩推荐：沙滩、海水、小岛奇观

金沙岛又名情侣洲，是文昌东郊近海的一座移动小岛，涨潮时会被淹没，退潮时就露出金灿灿的沙滩。金沙岛奇妙之处在于，沙岛在每月的某个夜里会被海水淹没一次，平时最大涨潮该岛只有三个篮球场大，最大退潮该岛有三个足球场大，站在沙岛上四面碧波荡漾，如临仙境。该沙岛还会随季节、水文变更而移动。

INFO

地址
文昌市东郊近海

交通
自驾或包车前往

14 抱虎岭 海南岛东北部的第二高峰

游玩推荐：老鹰石

INFO

地址
文昌市翁田镇北约5千米的海滨

交通
自驾或包车前往

抱虎岭主峰海拔220多米，仅次于铜鼓岭，自古被誉为文昌名山之一。抱虎岭南北走向，山势狰狞，整个山形貌似巨人抱着一只老虎，南为岭头似虎首，北为岭尾似虎股，中间顺势弓形下弯中有小处隆起，状似巨人骑虎腰，抱虎颈。岭岩临海挺拔，气势磅礴，似斧削般俊奇，山上怪石嶙峋，悬石叠岩慑人胆魄。特别是那巨大的老鹰石，似坠似飞，而又隐伏于山岭之东，呈现出捕虎壮士的坚毅和雄姿，充分展示了自然造物之伟大。

15 溪北书院 海南清末著名书院之一

游玩推荐：门匾、卷棚顶

溪北书院坐北朝南，俗称头门，面阔三开间。两边有砖砌的侧间，上为卷棚顶，铺盖琉璃瓦。门匾上为清末著名书法家杨守敬书写的“溪北书院”四个大字。书院于清光绪十九年（1893年）所建，由清末著名书法家潘存发起，在雷琼道朱采和粤督（两广总督）张之洞的支持下筹资建造。现保存完好，为文北中学所用。

INFO

地址
文昌市铺前镇

交通
自驾或包车前往

琼海景点

1 万泉河风景区

因电视剧《红色娘子军》美名远扬的风景名胜区

游玩推荐：漂流、红色娘子军雕像、万泉河码头

万泉河风景区可分为漂流区和峡谷区，主要由万泉河码头、红色娘子军雕像、沙洲岛、万泉河宾馆组成。漂流区由烟园至会山乡，长约15千米，时间约2小时，途中既有急时穿激流越险滩的激情澎湃，又有缓时两岸风光尽收眼底的诗情画意。两岸热带雨林中掩映着一个个支流峡谷，依次有神秘洞、黑龙潭、情人谷、叠泉、一线天和小洞天等景观，可顺山攀岩，穿越热带雨林，体验惊险刺激。

INFO

地址
琼海市博鳌镇万泉河

交通
在琼海汽车站乘坐出租车可前往

亲历者体验 FOLLOW ME

万泉河入海口处为博鳌玉带滩，长达约2.5千米。玉带滩北部充分保持着原始状态，河面开阔，水清见底，自然河流景观极其秀美，两岸晨昏景色变幻多姿，像一幅漂亮的山水画卷。其中，万泉河游览项目也独具特色，值得体验，包括大型水上观光游船、摩托艇、快艇、竹排等。

万泉河的由来

元朝泰定二年（1325年），因宫廷发生权变，太子图帖睦尔被流放到海南定邑多水河畔。王官为当地绅士，看到太子遭贬，充满烦恼和忧愁，就带着他在多水河山水之间畅游散心。这样一来，太子心情果然大好，还直呼“此乃吾之第二故乡也”。其后，王官又为太子介绍了一位叫梅娘的姑娘与其完婚。三年流放岁月结束后，枢密院拥立太子即皇帝位。在太子携梅娘乘船出海时，王官和万泉河两岸的人民夹河欢送。由于他当时尚未登基，老百姓便握拳直呼：“太子万全，一路万全。”元至顺元年（1330年），元文宗（图帖睦尔）升海南定邑为南建州，封王官为知州，并将“多水河”更名为“万泉河”。

2 博鳌水城 以博鳌亚洲论坛而闻名的旅游区

游玩推荐：博鳌亚洲论坛会址、玉带滩、圣公石

博鳌水城以博鳌亚洲论坛而闻名，博鳌水城融江、河、湖、海、温泉、山麓、岛屿于一体，集椰林、沙滩、奇石、田园于一身。有博鳌亚洲论坛成立会址、博鳌亚洲论坛永久会址、玉带滩、圣公石、东方文化苑（含博鳌禅寺、莲花馆）、莲花墩、南强生态村等众多景点，还有众多的高档酒店、高档别墅和高尔夫球场。

INFO

地址

琼海市博鳌镇

交通

在琼海市区乘坐2路公交车到博鳌舟湾站下车即到

门票

124元（博鳌亚洲论坛永久会址门票、观光车、玉带滩以及游艇）

了解历史掌故

博鳌亚洲论坛是在经济全球化进程加快和亚洲区域经济合作迅速发展的背景下成立的。2001年2月，博鳌亚洲论坛正式宣告成立，它是第一个总部设在中国的国际会议组织。论坛每年定期在中国海南博鳌召开年会。作为一个非官方的国际会议组织，论坛以平等、互惠、合作和共赢为主旨，立足亚洲，推动亚洲各国间的经济交流、协调与合作；同时又面向世界，增强亚洲与世界其他地区的对话与经济联系。

3 博鳌亚洲论坛永久会址

诠释博鳌文化的所在地

游玩推荐：现代建筑、会议会址、高尔夫球场

博鳌亚洲论坛永久会址位于琼海市博鳌镇东屿岛，是博鳌亚洲论坛年会的永久性会址，是诠释博鳌文化的所在地。这里拥有宏伟气派的现代建筑、智能化的会议设施、动静相宜的高尔夫球场、河海交融的旖旎风光，演绎着人与自然的和谐。博鳌亚洲论坛永久性会议场所——博鳌亚洲论坛国际会议中心，共3层，博鳌亚洲论坛年会的主会场位于会议中心第2层，会场主色调采用黄色，给人金碧辉煌的感觉。

INFO

地址

琼海市博鳌镇

交通

在琼海市区乘坐2路公交车到博鳌千舟湾站下车即到

4 博鳌东方文化苑

博鳌的人文标志

游玩推荐：博鳌禅寺、莲花馆、素芳斋

博鳌东方文化苑坐落在万泉河畔，是博鳌的人文标志，也是认识海南人文地理的最佳景区。景区中式的仿古建筑，风格上处处体现出明、清两代的传统建筑特色，三面环水、一面靠山，莲花锦簇、绿树成荫。它由博鳌禅寺和东方文化主题公园两部分组成，以博鳌禅寺为主体，较著名的景点有莲花馆、素芳斋、七宝莲池等。

INFO

地址

琼海市博鳌镇

交通

乘坐琼海—博鳌东方文化苑公交专线车至博鳌东方文化苑站下

博鳌禅寺三面临水，雄踞鳌岭，是一座典型的佛教寺庙。寺院内植物种类丰富、珍稀树种、花卉繁多，有树龄在百年以上的菩提树。寺内供奉着由尼泊尔国王赠送的佛祖释迦牟尼金身佛像，此外还有海南宗教标志性的建筑万佛塔。万佛塔是博鳌地区最高的建筑，塔内供奉有一尊青铜千手千眼观音菩萨像，为亚洲罕见。

莲花馆是一座以莲花为主题的科技、文化馆，通过数字化手段展示莲花的历史、文化等知识。有七个大小不一的莲花池和百米荷花长廊，莲花池内种植有多种名贵的荷花与睡莲。在这里还可以看到植物世界的两个生命奇迹：一个是千年不死的莲花神话——由两千多年古莲子培育出来的大贺莲，另一个是四季开放的传奇荷花——冬季荷。

素芳斋源自佛家的寺庙素食，可在此品尝寺庙里的素餐。虽然是大众化的菜单，但其考究之处并不比鱼、肉筵席逊色。更有趣的是，素鸡、素鸭、素鱼等许多素菜，凭肉眼观看很难分辨出真假，必须亲口品尝才知其真伪。

5 玉带滩 天然的狭长沙滩半岛

游玩推荐：海滩、浪花、阳光

玉带滩是一条自然形成的地形狭长的沙滩半岛，外侧南海烟波浩渺，一望无际，内侧万泉河、沙美内海湖光山色，内外相映，构成了一幅奇异的景观。玉带滩全长约8.5千米，滩上生活着国家二级保护动物玳瑁。

INFO

地址

琼海市博鳌镇万泉河入海口

交通

博鳌镇内乘坐13路公交车或者打车至永久会址站下即可

开放时间

8:00~18:00

亲历者体验 FOLLOW ME

1. 一般可以购买套票连同博鳌亚洲论坛永久会址一起游玩，如果不想去会址，也可以花50多元在博鳌镇买船票过去。船为当地村民们私营，船程大约10分钟。

2. 玉带滩上全是厚实的沙子，沙质较三亚海沙粗，光脚踩会有点疼。除了在水边，其他地方最好穿鞋子。

3. 另外海滩还有大海龟、鳄鱼供游客拍照，一张照片约10元。

6 圣公石 古今闻名的涛头奇观

游玩推荐：涛头奇观

玉带滩前行不远处，有一个多块黑色巨石组成的岸礁，屹立在南海波浪之中，状如累卵，突兀嵯峨，那便是圣公石。传说它是女娲补天时，不慎泼落的几颗砾石，千百年来任凭风吹浪打，它自岿然不动，一直和玉带滩厮守相望。

INFO

地址

琼海市博鳌港附近

交通

在琼海市区乘坐2路公交车到博鳌千舟湾站下

亲历者体验 FOLLOW ME

圣公石的涛头奇观最生动是在暴雨过后的几小时。每逢暴雨，山洪下注，万泉河、龙滚河、九曲江的水位便一齐暴涨，汇集下泻，汹涌澎湃地涌向博鳌港。而这时，不甘示弱的大海，却以更大的气势，掀起一个个巨大的浪头，朝着迎面冲来的三江洪涛扑撞，两股对面而来的巨涛刚好同时撞击于圣公石上，一个回合一个回合地奋不顾身地扑撞，一次又一次地撞得粉身碎骨，一趟又一趟地化集成流，翻滚着，旋转着，前冲后撞，奔驰于圣公石周围，景色奇特壮观。

奇石传说

相传，因苍天四边崩塌，使大地上大火不灭，水患不息，猛兽凶禽伤害百姓。天上善良勤劳的女娲，为解除百姓苦难，便架起巨炉，炼出五色岩石来修补苍天。女娲炼石时，因一时失手，掉下一块黑色岩石。此石不偏不斜，正好坠落在博鳌港出海口，使此处奇石突现，被后人称为圣公石。

7 莲花墩

立有高八米的观音圣像

游玩推荐：观音圣像

莲花墩位于万泉河中央。据传，很久以前，有一鳌龙在此兴风作浪，祸及百姓。观音闻讯，足踏莲花赶至南海。与鳌斗法七十二个回合，终将鳌收服，并令其不得再惹事端。然后卸下莲花宝座乘鳌而去。卸下的莲花宝座就是今天的莲花墩。1999年底，博鳌亚洲论坛的推动者——博鳌之父蒋晓松先生在莲花墩上捐建了一座高约达8米的观音圣像，供游人参观游览。

INFO

地址

琼海市博鳌镇万泉河中央附近

交通

在琼海市区乘坐中巴可到

8 马国师陵园

“文武官员至此下马”

游玩推荐：马润通公墓、圣旨石碑、果树

INFO

地址

琼海市乐城岛附近

交通

从琼海市区乘坐中巴车可到

马国师陵园坐落于与乐城岛一河之隔的朝阳渡口处。人未过河，一座颇有气势的皇明钦命国师马润通公墓映入眼帘。进入陵园内，但见果树葱郁，硕果累累。一尊朝廷所赐“文武官员至此下马”圣旨石碑，令整座陵园平添了一种庄严肃穆的气氛。行至陵墓前，香炉上香烛犹存。时有国师的后人或其他游客参观此地时凭吊香火。

了解历史掌故

据《国师志》记载，国师名润通，字仲余，祖籍扶风茂陵，系汉伏波将军后裔。其父瑶公随祖父志善公自金陵赴任乐会知县。国师因好善乐施，教人从善，扶弱济贫被皇上钦命为国师。受封后次年逝世。朝廷钦命风水名师陈雅朝随棺进琼，循斗觅宝地。奉逢县葬县，逢州葬州之圣旨，鸣道所向无阻。终葬于本县朝阳河渡校场。每年当地知县主持扫祭。朝廷赐“文武官员至此下马”圣旨石碑。

9 红色娘子军纪念园

为纪念红色娘子军而建造的文化旅游区

游玩推荐：红色娘子军雕像、娘子军连部

红色娘子军纪念园于2000年开园，是为纪念“中国工农红军第二独立师女子军特务连”而专门建造的景区。纪念园山清水秀，风光旖旎，融山峰、河流、沙滩、海水、椰林、温泉等为一体，以红色娘子军的历史为内涵，是中国30条红色旅游精品线之一。园内建有《红色娘子军》雕像，像高约3.7米，雕像将红军女战士巾帼英雄的气概展现得淋漓尽致。

INFO

地址
琼海市嘉积镇街心公园

交通
在琼海市区乘坐1路公交车到嘉积镇下车后换乘出租车

开放时间
8:00~17:30

亲历者体验 FOLLOW ME

红色娘子军纪念园主要由园前景区、主题雕塑展馆区、热带风情园林景区、旅游服务区四大功能区域组成，园区设有和平广场、纪念广场、娘子军连部、歌舞广场、椰林寨和纪念馆等景点。园内和平广场中的雕像十分醒目，雕像由锁链、娘子军竹斗笠、号角及和平鸽组成，主要反映战争与和平的主题。

红色娘子军

1931年5月1日，在海南省琼海市万泉河畔一个椰林环抱的小山村里，红色娘子军连召开了成立大会。100多位穷苦的农村女孩子，为反抗封建压迫和争取男女平等，在共产党组织领导下，勇敢地拿起了枪。在随后的一年多时间里，这支娘子军部队与当地民团作战8次，伏击沙帽岭、火烧文市炮楼、炮轰白石岭等仗大获全胜，威名远扬。新中国成立后他们的事迹被改编成芭蕾舞剧。

10 椰寨农家乐

再现海南农村固有风情民俗的农家乐

游玩推荐：摸鸭子、烘槟榔、尝小吃

椰寨农家乐位于万泉河畔，是近年来才建起的一个体现海南农家特色的旅游景点。椰寨农家乐参照海南农村的风情，设有戽水、踩龙骨车、摸鸭子、烘槟榔等游客互动项目，是根据当地自然资源和当今人们寻求回归自然、返璞归真心态而开辟的新型旅游项目。

INFO

地址

琼海市嘉积镇椰寨村

交通

在琼海市区乘坐1路公交车到官塘站下车后换乘出租车

亲历者体验 FOLLOW ME

在这里可以踏水车，摘水果，尝小吃，看表演，美丽的田园风光和浓郁的乡土气息会使人流连忘返。还可以入乡随俗，探访农家，攀谈农事，和农民同吃、同住、同劳动，“做一天中国农民”，体验到“真正的中国农村经历”。

11 白石岭

景观优美奇特的风景区

游玩推荐：石柱擎天、水库、温泉

白石岭由登高岭等山岭组成。登高岭是白石岭最高峰，海拔约328米。山岭顶上有一个千吨巨石，颜色苍白，故而得名白石岭。岭有1308级石阶，登上石阶贴崖而上，可观“白石岭八景”——石柱擎天、金钟驾驰、青狮眺目、翠屏拥月、 崆峒筛风、苍牛喷雾、花岗蔚彩、碧沼储云，其中从崆峒筛风上登300级台阶，便是白石岭最佳景观石柱擎天。白石岭周围还有很多水库，给山景添色不少。风景区山水相映，水库星罗棋布。万泉河像一条玉带从山下蜿蜒而过。

INFO

地址
琼海市嘉积镇约12千米处的万泉河畔

交通
琼海市有中巴车可到

门票
36元

亲历者体验 FOLLOW ME

白石岭不仅仅是登山观景的好去处，还可以来此泡泡温泉。其中以颐温泉山庄最为有名。颐温泉山庄园区坐落着一座座皇家园林式建筑，规模节制，建筑限高，最大限度地保存生态自然，注重与环境兼容共生。从园区几乎任何视角均可见白石岭全貌。

12 官塘温泉度假区 中式庭院的温泉度假村

游玩推荐：亭台楼阁、温泉药浴

官塘温泉度假区位于白石岭山脚下，度假区内有经专家鉴定的“世界少有，海南无双”的温泉热矿水，日流量达万吨。温泉休闲中心面向风景秀丽的万泉河，背靠雄伟奇特的白石岭，地处官塘热矿水区域腹部。整体设计独特，风格浪漫，建筑环抱着一个中国式庭园廊道，将主楼、客房、别墅、保龄球馆等亭台楼阁有机连成一体，绿草如茵，环境幽雅，是旅游度假、疗养休闲的人间仙境。

INFO

地址
琼海市嘉积镇西南郊，白石岭山脚下

交通
乘坐海口至琼海的省汽快车，在高速公路官塘出口处下车即到

开放时间
7:30~23:30

亲历者体验 FOLLOW ME

其独特的温泉项目有：温泉气泡浴、差别温泉浴、温泉药浴、温泉泥沙浴、温泉情调浴、温泉浮浴、温泉桑拿按摩、温泉美容美发等。

13 琼海聚奎塔

“奎塔插天连甲第”

游玩推荐：登塔远眺

INFO

地址

琼海市塔洋镇西南约500米处

交通

自驾或包车前往

琼海聚奎塔巍然耸立在高低参差的椰冠丛中，直指苍穹。它是海南保存最完整的古建筑之一。聚奎塔高近30米，一共七层，每升高一层，高与宽都相应缩减。塔身中空，底有塔座，四周有墙，正门朝北，楣上端有石匾“聚奎塔”。塔体仿唐代建筑，造型古朴别致。外表每层由八个墙面构成，属楼阁式砖檐塔，七面各筑一个假门，只有一面筑真门。登至塔顶放眼远眺四周，绿树、翠禾、碧荷、红莲尽收眼底，大有心胸开阔之感。

了解历史掌故

据《琼东县志》记载，聚奎塔为琼东知县卢章兴建。据传，在建塔期间的一个夜晚，卢章在梦中看见一位名叫宵霍的人，身穿青衣裙，站在塔顶念道：“奎塔插天连甲第。”因此，把塔命名为“聚奎塔”。

14 海南第一橡胶园

我国第一个橡胶种植园

游玩推荐：橡胶树

海南第一橡胶园至今已有110年的历史，这个胶园是当年华侨何麟书先生从马来西亚归来后亲手创办的。当年种下的4000棵橡胶树，几经战火和自然灾害的摧残，如今只剩下千棵左右。新中国成立后经过多年努力，这千棵胶树的“子孙”遍布岛内外四省区，为发展祖国的橡胶事业做出了卓越的贡献。

INFO

地址

琼海东太农场坡塘作业区18队

交通

自驾或包车前往

万宁景点

1 兴隆温泉度假区

综合旅游度假城

游玩推荐：沐浴温泉、鱼疗

兴隆温泉度假区有泉眼十几处，水温长年保持在60℃左右，水中含有丰富的矿物质，蒸腾的水气带有淡淡的清香。沐浴其中，对皮肤病、关节炎和神经衰弱症等有一定的缓解作用。这里风景秀丽，侨乡风情浓郁，目前已建成为吃、住、玩、浴多功能相配套的旅游度假城。

INFO

地址

万宁市兴隆华侨旅游度假城内

交通

在海口汽车南站坐到兴隆的车，可以直接到度假区

2 兴隆热带植物园

科研、观光的综合性热带植物园

游玩推荐：见血封喉木、米仔兰、热带水果

兴隆热带植物园是一座物种资源丰富、园林景观优美，具有科研、科普、观光和植物保护功能的综合性热带植物园。现有热带树木、热带香料植物、药用植物、油料植物、观赏植物、珍稀植物等7大展区，保存有见血封喉木等野生植物珍稀物种。园内可开展丰富多彩的活动。

INFO

地址
万宁市兴隆镇南部223国道附近

交通
从海口汽车东站乘到兴隆的大巴

门票
42元

开放时间
7:30~17:30

亲历者体验 FOLLOW ME

兴隆热带植物园划分为五大功能区：植物观赏区、试验示范区、科技研发区、立体种养区和生态休闲区，共收集有12类植物。走进植物园，便如同打开一本关于热带植物的百科全书，大自然的种种奇妙在这里五彩纷呈。汇集有咖啡、胡椒、香草兰、可可等热带经济作物和榴莲、山竹等名优稀特果树；保存有见血封喉木等野生植物资源和珍稀物种，引进有国内外名贵的热带植物种类。你还可以观赏到荔枝、鸡蛋花和有着“沙漠甘泉”之称的旅人蕉、米仔兰等名目繁多的热带观赏花木。

3 兴隆热带药用植物园

收集众多热带药用植物资源

游玩推荐：南药植物、南药科技馆

兴隆热带药用植物园是目前中国收集热带药用植物资源最多的园区之一。园区气候宜人，风景秀丽，分为珍稀濒危南药引种区、海南特色药园区、原生药园区、进口南药园区和海南省南药科技馆等区域。园区引种栽培有黑桫椤、苏铁、金花茶等珍稀濒危植物，并有肉豆蔻、越南桂、印度马钱等从外国成功引种栽培的品种。走进这里如同进入一个南药王国，丰富多样的药用植物种质资源构成了一幅幅如诗如画的南国美景。游览园区后，可参观海南省南药科技馆。馆内收藏百余种特色南药标本，并陈列有多种植物精油，不容错过。

4 兴隆亚洲风情园

荟萃各国民族风情的文化旅游区

游玩推荐：垂钓、蛇艺表演、亚洲风味美食

兴隆亚洲风情园是一个荟萃亚洲各国文化、建筑风格、民族歌舞的文化旅游景区。园内建设有各式竹楼、垂钓长廊、小桥凉亭、休闲建筑等休闲设施。在这里，游客可以领略东南亚的礼仪和饮食文化，欣赏具有浓郁印尼民族风情的歌舞，领略东南亚的婚礼风情，并有机会品尝亚洲风味的各种美食。各种蛇艺表演、人蛇捕斗、生吞活蛇等，场面惊心动魄，终生难忘。此外，有医疗作用的各种蛇汤、蛇酒等蛇制品，也很吸引人。

INFO

地址
万宁市兴隆镇

交通
可包车前往

5 东山岭文化旅游区

被称为“海南第一山”

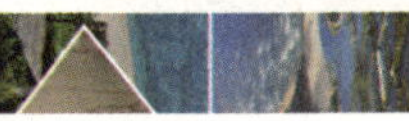

游玩推荐：七峡巢云、瑶台望海、东山羊

东山岭文化旅游区在万宁市东约2千米处，因三峰并峙，形似笔架，历史上又叫笔架山。东山岭素有“海外桃源”“海南第一山”之称。由三座山峰相依而成，自然风光秀丽，有七峡巢云、正笏凌霄、仙舟系缆、蓬莱香窟、瑶台望海、冠盖飞霞、海眼流丹、碧水环龙八景。电视连续剧《红楼梦》片头中那块神姿仙态的“飞来石”，就在东山岭上。

INFO

地址
万宁市万城镇东山岭

交通
万宁高铁车站有到东山岭文化旅游区的8路公交车

门票
45元

开放时间
8:30~17:00

亲历者体验 FOLLOW ME

旅游区有众多特色美食，如东山羊：东山羊为海南四大名产美食（东山羊、文昌鸡、嘉积鸭、和乐蟹）之一，其肉肥而不膻，汤白似乳；东山茶：它野生于高山石缝之间，质量上乘，饮用时甘香透心，芳香四溢；东山烙饼：其皮薄层多、外酥内软、咸淡适口、香味奇特，被誉为“海南第一饼”。

“东山再起”的传说

相传南宋初年，抗金名将李纲遭奸人陷害后，被贬谪到了海南万宁。谪居万宁的李纲情绪低落，心灰意冷。有一天他来到了东山岭潮音寺打算剃度出家。不料，庙里的大师婉拒了他的请求，并送了他一句“东山再起”的箴言。没想到三天后，李纲就被召回了。

6 南燕湾 燕窝鸟和春燕的度寒之处

游玩推荐：清泉飞瀑、绿树沙滩、海景高尔夫球场

南燕湾因是燕窝鸟和春燕度寒栖身之地而得名。南燕湾旅游资源丰富，山峰石崖高耸，清泉飞瀑长流，巨洞阔大，沙滩洁白，绿树葱茏，天青海碧，水产丰富。与朋友一起坐在海边，赏明月，吃烧烤，望着海面上忽隐忽现的点点渔火，一天的劳累顿时烟消云散。

INFO

地址
万宁市礼纪镇南沿海，与石梅湾相连

交通
在万宁市乘坐中巴车可到

亲历者体验 FOLLOW ME

南燕湾建有一处南燕湾海滨高尔夫球会，是海南唯一的海景高尔夫球场。它共有18洞，前9洞山峦起伏，球道设计十分巧妙，挑战无限；后9洞视野开阔，热带海滨魅力无穷。

7 石梅湾 有面积最大的海滩青皮林

游玩推荐：青皮林、碧海、白沙

石梅湾由两个形如新月的海湾组成，有长达6千米的碧海银滩，为植被茂密的低缓山坡所环抱，被世界旅游组织专家赞誉为海南现存未开发的最美丽海湾。区内集碧海、青山、白沙、奇石、岛屿、椰林、溪流于一体，充满原始的热带原生态自然风光。

INFO

地址
万宁市礼纪镇

交通
自驾或乘汽车前往

门票
免费

亲历者体验 FOLLOW ME

石梅湾至今已有4000余年历史，是目前世界上发现的面积最大的海滩青皮林。以石梅湾为中心，这里集中了兴隆温泉、兴隆热带植物园、海南兴隆侨乡森林公园、太阳河、大洲岛、神州半岛等多个旅游区。

石梅湾得名由来

石梅湾中的“石”源自“乌石姆”，“梅”源自“青梅”。在海南话中，“乌石姆”的意思是黑色的石头，而石梅湾东侧海域散落有众多黑色礁石；“青梅”即“青皮”，指的是绵延几千米的青皮林带。所以，石梅湾就是黑色石头和青梅林组成的海湾。

8 日月湾

半月形海湾

游玩推荐：游泳、品茶观海

日月湾依山傍水，北面有山岭环抱，南濒南海，是个半月形的海湾，海湾沙滩洁白松软，海面风平浪静，适宜游泳，是个天然海水浴场。境内的茹新河和田头河静静流淌，河流在日月湾内出海，河海水相渗，风景秀丽，令人流连忘返。

INFO

地址

万宁市兴隆旅游区

交通

在万宁市乘坐中巴车可到

亲历者体验 FOLLOW ME

日月湾建有度假村、小别墅等，楼房装修精美，集吃、住、玩、游等为一体。海堤边还建有观海亭、品茶室、淡水游泳池等。游客可在亭里室内安闲地品茶观海，也可在游泳池里尽情畅泳。在台海民俗文化游览区内，游览内容包括清水造雾、外婆家免费招待、台海兰苑、快活椰林、风情演艺等。在槟榔园里还有对歌亭、椰叶吹奏亭、高山歌舞表演场等。

9 天涯雨林博物馆

亚洲最大的根雕、根艺展馆

游玩推荐：巨型根雕根艺、文化长廊、手工作坊

天涯雨林博物馆包括根雕、根艺展馆和文化长廊、演艺厅、手工作坊等。博物馆主展馆展示的巨型根雕、根艺，有的重达几十吨，有的高达九米，大小作品数千件之多。它们造型奇特，形貌多样，而且大多数作品都是热带雨林濒临灭绝的树种，部分是已经灭绝的树种。如坡垒、子京、母生、红绸、青皮木等都是相当罕见的。这些巨型的根雕、根艺都是从太阳河河床的淤泥里挖掘出来的。

INFO

地址

万宁市兴隆镇华侨农场工业大道合口旅游区1号

交通

在万宁市乘坐中巴车可到

10 六连岭

古时有“连峰耸翠”的美名

游玩推荐：山峰、森林、石洞、革命根据地

六连岭因六峰相连，逶迤腾浪，故古时有“连峰耸翠”的美名。六连岭不仅以其高峻的山峰，美丽的森林而闻名，而且岭中有无数深涧石洞，古时为鹿麋唤侣聚会之所。革命战争时期则是琼崖革命坚持23年武装斗争，建立革命根据地，革命同志艰苦栖身之所，是海南革命的胜地。

INFO

地址

万宁市万城镇北面约60千米处

交通

万宁有中巴可直达景区

亲历者体验 FOLLOW ME

其六峰是带尖顶、太师椅、石狗咀、三支香、鼻谷架、第一架。六峰高度相差不大，最高峰太师椅峰海拔约558米。

11 神州半岛

四季如春的阳光型半岛

游玩推荐：东渥湾、公鸡石、乌龟石

神州半岛三面环海，一面接陆，东依牛标岭，南濒浩瀚南海，西靠老爷海港口，北临东澳港。气候温和，是一个四季如春的阳光型半岛。神州半岛初看平淡无奇，细品风光无限，半岛的南面由东至西排列着东渥湾、沁宁湾、圆石湾、金沙湾、乐涛湾五个美丽的海湾，从地貌上看，岛上六座大小山岭起伏跌宕，各有来头。神州半岛外海壮观，内港小海灵秀。

INFO

地址

万宁市东奥镇东南面

交通

乘坐高铁在神州高铁站下，然后乘坐神州半岛—神州高铁站穿梭巴士可到

门票

免费

亲历者体验 FOLLOW ME

神州半岛海湾里有一处三角形陆连小岛，面积约300平方米。小岛由大石叠成，涨潮时漂在距岸百米的海中，潮退后又与陆地连为一体。岛上的岩石千姿百态，其中公鸡石最有名气，昂头伸向大海，好似雄鸡报晓，周围还有乌龟石、观鱼石、钓鱼石等象形石。

12 大花角

有前鞍、后鞍两个山峦

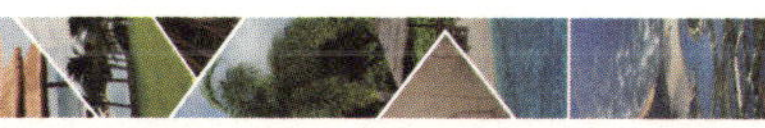

游玩推荐：沙滩、海水、卵石

INFO

地址

万宁市和乐镇港上村

交通

自驾或包车前往

大花角由前鞍和后鞍两个山峦构成，双峰之间有一处宽近百米的峡谷，与双峰一起伸向浩瀚的南海，于是形成一个天然的海湾。这里弓状的数百米长的海滩上，没有洁白的沙带，人临此境，映入眼帘的首先是湛蓝的海水，再是密密麻麻的卵石。弓状的卵石滩上，大的如斗，小的如蛋，剔透玲珑，五彩缤纷，令人眼花缭乱。

13 大洲岛

我国唯一的金丝燕产地

游玩推荐：大洲燕窝、大洲公庙、水夫人庙

大洲岛即燕窝岛，有二岛三峰，唐宋以来，一直成为航海的标志，也是我国唯一的金丝燕产地。大洲燕窝就产于此。岛上有南北两岭对峙，中部有前后港相望，中间有长约700米，宽约50米沙带联结，坡上有孤魂公庙、大洲公庙和水夫人庙等遗址，岭上终年泉水清冽，巨石屹立，秀木葱翠，此外大洲岛燕窝更是驰名中外。

INFO

地址

万宁市东南部的海面上，距市区约15千米

交通

从海口长途东站乘车前万宁市

金丝燕的燕窝

金丝燕体长约18厘米，暗褐色的羽毛间闪现出金丝光泽，首尾犹如燕形，因而得名金丝燕。每年春天，金丝燕开始做窝繁殖后代。它的咽部有非常发达的舌下腺，能分泌出很多有黏胶性的唾液，这是做窝的主要材料。它们把唾液从嘴里一口一口吐出，积少成多，在山洞潮湿的空气中，这些唾液自然凝结干固起来。经过20~30天形状如碗碟一般的小窝便做成了，这就是燕窝。

14 牛岭

东线高速公路上的最佳观海点

游玩推荐：观海亭、海滩

牛岭是海南地理、民族、气候的分界点。牛岭以北是万宁市日月湾，以南是陵水自治县香水湾；牛岭以北多汉族，以南多黎族、苗族、回族等少数民族；牛岭以北是北热带地区，牛岭以南是中热带地区。牛岭有风格独特的观海亭，有盘山公路蜿蜒而上。这里，蓝色的大海如锦缎一般，左边是万宁市的石梅湾，有大片珍稀植物青皮林；右边是陵水黎族自治县的香水湾，大片银沙滩光闪闪的；头顶是澄澈而纯净的蓝天，身后是滴翠的青山。

INFO

地址

万宁市南部与陵水自治县交界处东线高速公路路口

交通

乘万宁至陵水的中巴可到

门票

免费

陵水景点

1 分界洲岛 具有热带风情的旅游袖珍岛

景区等级：AAAAA级　　游玩推荐：海豚湾、潜水、海底观光游艇

分界洲岛是一座浮在南海上的遗世孤岛，自古无人居住，远离尘世喧嚣。这里海蓝、沙白、石奇、木秀、山峥、草嵘、花艳、峰俊、岩俏，雄奇与秀美相得益彰，被称为“心灵的分界岛”“坠落红尘的天堂”“一个可以发呆的地方”。

分界洲岛因远远看去像一个侧卧的睡美人，又被称为“美人岛”，小岛以东北向西南长条状横躺在海面上。美人身体的西南侧是寿龟湾、福龟湾；身体的东南侧是大洞天；前途无量景观则盘旋在美人身体的上半身。

INFO

地址

陵水黎族自治县G98海南环线（三亚东线高速公路牛岭出口处）

交通

由海口或三亚出发，在陵水动车站下车，在车站门口乘坐分界洲岛旅游区专线巴士可到

门票

132元（含船票）

亲历者体验 FOLLOW ME

分界洲岛还有潜水、拖伞、摩托艇、香蕉船等海上项目，仅潜水项目就有海豚潜水、堡礁潜水、远海潜水等。

这里还有中国唯一的海底观光游艇供游客游览海底。此外，岛上还有目前海南最大的以海洋科普为主题的珊瑚馆，馆内可以看到南海海底的珍稀海洋生物标本、“海上丝绸之路”古代商船、古代火炮、古铁锚等。

分界洲岛海豚湾是中国第一个纯自然条件下，规模最大、最具观赏特色的野生海洋动物世界。这里生活着地球上最大的鱼类，被誉为“温柔的海洋巨人”的鲸鲨，被称为“海洋精灵”的海豚，生性凶猛的龙胆石斑鱼等。游客可以与它们零距离亲密互动。

分界洲岛名字的含义

一是气候之分：分界洲岛位于海南省陵水与万宁交界的海中，是牛岭向南海延伸塌陷地段。据说，整个牛岭是五指山山脉的延续，这是由于亿万年前大陆板块的挤压所形成的。分界洲岛是牛岭的下部分，后来冰川期，海水的浸入，淹没了较低的部分，切断了分界洲岛与牛岭的联系，从而形成了现在的样子。在分界洲岛常常可以看到奇观：夏季时，岭北大雨滂沱，岭南却是阳光灿烂；冬季时，岭北阴郁一片，而岭南却是阳光明媚。二是行政区域之分：这里是万宁市与陵水黎族自治县行政区域的分界岭，岭北为万宁市，岭南是陵水黎族自治县。两个县市的分界碑就在这山岭上。三是人文分界：分界岭连接着中部的五指山山脉和西部的鹦哥岭，构成了一条东西纵横山脉分隔了海南岛南北，自然的分界也成为古代海南人文分界。

2 南湾猴岛 我国唯一的岛屿型猕猴自然保护区

游玩推荐：猕猴、猴岛雕塑、猕猴表演

南湾猴岛三面环海，总面积约10平方千米，大小12个山头连绵起伏。山上大小岩洞无数，奇岩怪石嶙峋。南湾猴岛上的动植物种类繁多，森林覆盖率达95%，生态资源极为丰富。这里四季花果飘香，风景秀丽，气候宜人，是世界上唯一的热带岛屿猕猴自然保护区。岛上除了生活着2000多只活泼可爱的猕猴外，还生活着独具特色的疍家渔民。

INFO

地址

陵水黎族自治县新村镇南湾村

交通

在陵水高铁站可乘坐免费接送车至岛外的景区站点，可以选择坐索道或者坐船上岛

门票

147元（含往返观光缆车）

开放时间

南湾猴岛8:00~17:20（16:50停止售票），浪漫天缘8:00~17:20

亲历者体验 FOLLOW ME

1. 景区至陵水高铁站有往返免费接送车。游客只要上车购买景区的门票即可乘坐景区的免费接送车到景区游览。在码头可以选择坐观光车去猴岛，也可以去浪漫天缘。

2. 上岛时不要身穿红色的衣服，否则会遭母猴子妒忌，会去撕烂衣服；给猴子喂食时，要一次把手中的东西都喂完，如果留一点在手中，猴子会一拥而上抢夺；手上不要拎塑料袋之类的东西，否则猴子以为是食物，会上来抢食；眼睛不能和猴子长时间对视，否则它们会认为在挑逗它，猴子会上来撕咬所带的东西。

3. 观猴进食的最佳时刻以管理人员喂食时最佳，哨笛一响，猕猴们呼啦地奔下山来，集合完毕后，边争吃，边打闹。

4. 游客可在观猴园前买袋花生等食物给猴子喂食。需要注意的是，猴子们不喜欢被人戏弄，假如只亮食物而不喂给它吃，或者看到握拳亮开的是空手掌，那么它们便会龇牙咧嘴，大叫不止。

5. 游客还可以欣赏到精彩的猴艺小品、充满灵性的马戏表演。马戏表演是在一个露天的舞台。一声“演出开始”，猴子们就联袂登台表示欢迎。

6. 南湾猴岛被称为“飘浮的美食岛”，岛上有一排排渔船组成的水上餐厅。餐厅经营生猛海鲜，全部海鲜都是就地取材，每家餐厅都有自己的海鲜养殖场。餐厅还提供海南岛最具特色的鱼粥。

了解历史掌故

新村港的疍家已有500多年的历史，他们的祖先多数来自福建泉州和广东南海、顺德等地。他们靠打鱼为生，以舟楫为家，居无定所。虽经历史变迁，至今他们仍保留着自己的风俗习惯。从语言上来说，疍家讲的不是海南话，而是具有广东口音的方言。现在，很多疍家人都做起了渔家乐旅游。品尝他们刚刚打回来的海鲜，拉拉家常，很有乐趣。

南湾猕猴属于亚热带猕猴，属于国家二类保护动物。它们体型一般较小，聪明灵巧，毛色纯正，体重一般不超过20斤，寿命在25岁左右。猕猴过着群居生活，主要以母猴和小猴为主，每群猴由一个猴王率领，它们各有各的地盘，有自己较为固定的活动领域。

3 香水湾

有自然散发淡淡香气的湖泊

游玩推荐：擎天石、龙王椅、椰林

香水湾因香水岭流来的泉水注入海湾而得名。海水碧绿，沙滩洁白，椰林婀娜，有擎天石、石亭、龙王椅等景点。海滩上纯正的幼沙，细腻洁白，深沉澎湃的蔚蓝海浪，随风摇动的椰林，对岸就是全国有名的潜水天堂——分界州岛。

INFO

地址
陵水黎族自治县光坡镇，距县城约18千米

交通
从海口东站坐到陵水的省汽快车可到

门票
免费

4 吊罗山森林公园

海南省东部规模最大的森林公园

游玩推荐：树木绞杀奇观、三角山

吊罗山森林公园是名副其实的“植物宝库”和“真正的动物园”，分白水岭热带雨林自然保护区和吊罗山游览区两个功能区。区内除了丰富而奇特的自然景观外，还有种类繁多而珍稀的动植物资源，主峰三角山是海南三大林区之一。吊罗山是海南六大热带雨林地区之一，又是国家森林公园，景区内的根抱石、高板根、古藤缠树、老茎生花、空中花篮和树木绞杀等奇观都极具观赏价值。

INFO

地址
陵水黎族自治县距海榆东线高速公路陵水出入口约20千米处

交通
可在三亚市汽车客运总站乘车，行程一个半小时

开放时间
8:00~18:00

亲历者体验 FOLLOW ME

1.山里的野生动物种类繁多，晚上要注意防蛇。雨天最好不要登山，蚂蟥多。

2.应穿着清爽透气的运动鞋，爬山不打滑，比较实用，切忌穿皮鞋或高跟鞋。最好穿长裤，或者戴手套，避免树枝划伤皮肤。

3.拍摄瀑布一定要带三脚架。建议不熟悉地势的拍摄者一定要请向导，可以避免走错路而被困于深山中。

4.山间的溪水不能直接饮用。

5.最佳游览季节是旱季，为11月至次年的3月，这时野牡丹、野杜鹃竞相盛开，彩蝶飞舞，十分美丽迷人。每年5月底至10月底是雨季，4月是旱季和雨季的相交时段，偶有小雨，山高路滑，不太利于户外运动。

5 清水湾 “会唱歌的沙滩”

游玩推荐：清水、白沙、怪石

清水湾是一个人迹稀少，但风景绝佳的休闲胜地。在这里可同时观赏到清水、白沙、奇岭、怪石，最奇妙的是，其弧形海岸一半是礁岩，其中别有洞天；一半是沙滩，不仅沙细，海滩也很平整，集合了海南东西两地截然不同的景观。清水湾跨越英州、新村两个乡镇，涂滩狭长，海岸线长约12千米。景区东邻海南十大景点之一的南湾猴岛及新村港，南与赤岭景区相连，旅游度假地理位置较好。

INFO

地址
陵水黎族自治县东部沿海

交通
乘汽车在海汽清水湾汽车客运站下即可

门票
免费

6 苏维埃旧址

海南省爱国主义教育基地

游玩推荐：旧址建筑、陈列文物

苏维埃旧址原为琼山会馆，始建于1921年，1927年，大革命失败后不久，琼崖第一个红色政权——陵水黎族自治县苏维埃政府就在此诞生，在这里重新点燃了全岛革命斗争的火种。陵水苏维埃旧址是一幢精美的建筑，总体看来是一个祠堂式的多进式院落，分前、中、后三进建筑，每进建筑之间都有天井分隔。经历了80年风云变幻，陵水黎族自治县苏维埃政府旧址都没有遭到人为的破坏，这座建筑也成了陵水的标志。

INFO

地址
陵水黎族自治县椰林镇中山东路

交通
自驾或包车前往

7 椰田古寨

黎族先民生活习俗保存完好

游玩推荐：金字屋、船型屋、黎族织锦、特色小吃

INFO

地址
陵水黎族自治县英州镇英州村椰田古寨景区

交通
自驾或包车前往

开放时间
7:30~17:00

椰田古寨既有大自然鬼斧神工的自然奇迹，又有厚重沉淀的具有上古遗风的钻木取火、黎族织锦等多项国家非物质文化遗产，更有刻于血肉之躯的古老文化遗存——黎族最后一代的文脸文身阿婆。在独特的金字屋、船形屋和寮房中能看到很多勤劳勇敢，纯朴善良的黎族人民亲手制作的手工艺品，还能品尝到特色小吃。

琼海旅游资讯

交通 自助游必须掌握的交通

火车

琼海火车站位于琼海市嘉积镇东侧约1千米处的排岭村，是东环铁路大站之一。东环铁路北起海口途径文昌、琼海、万宁、陵水直至三亚。每天有多趟车次往返，交通便捷。

博鳌火车站位于琼海市中原镇大锡村，距琼海市区约15千米，是东环铁路的站点之一。从此站乘车可前往海口、三亚等地。需要注意的是车站离博鳌镇还有约20分钟车程，但车站只有一路公交，且车次较少，所以若想前往博鳌游玩，建议在琼海火车站下车，然后坐公交巴士前往。

汽车

琼海主要有三个汽车客运站，分别是琼海汽车站、琼海汽车站南门分站、琼海汽车站。乘客可以乘汽车前往海南省内各地。

市内交通

琼海市市内公交常用线路是1、2、8路公交，可到白石岭、博鳌、嘉积等地。

住宿 驴友力荐的住宿地

琼海市住宿较为便利，连锁型经济旅馆、高档星级酒店等一应俱全。前来旅行可住在景区度假村或市区酒店，如博鳌、嘉积镇等地。

住宿地推荐	
名称	地址
博鳌道纪海景大酒店	博鳌镇滨海大道
博鳌和悦景澜海景度假酒店	滨海大道广场路2号
博鳌国宾馆	琼海龙潭路1号
白玉兰酒店	嘉积镇爱华东路176号
泰和智能酒店	富海路53号
明楼度假公寓	嘉积镇善集路188号

美食 饕餮一族新发现

琼海侨乡美食众多，最佳美食是鹅、鸭、鱼。琼海的四大名菜也是以鹅、鸭、鱼为主要原料，因而烹调出了琼海久负盛名的传统名菜。白斩嘉积鸭、白斩温泉鹅、清烹万泉鲤、潭门鱼等都是知名的美食佳肴。

嘉积鸭是海南的四大风味名菜之一。潭门鱼就是人们常说的潭门海鲜。鸡屎藤粑仔是琼海独特的著名风味小吃。鸡屎藤粑仔具有补血之功效，是琼海妇女常吃的一种温补小吃。胡椒猪肚煲是很受青睐的琼海地方风味美食，是用琼海土特产的胡椒粒和猪肚烹饪而成的美味佳肴，具有治疗胃寒的功效。

购物 淘宝达人爱去的街店

琼海物产丰富，肉肥皮薄的嘉积鸭、肉鲜味美的万泉鲤、肥而不腻的温泉鹅、口感颇佳的琼脂等都是其中的名优土特产。心灵手巧的琼海人所制作的手工艺品更令人爱不释手，美观大方的参古竹器、舒适耐用的南汉草席、工艺精巧的八仙桌等手工艺品，在简单的手工制作中，尽显当地人的纯朴与精细。

小贴士

琼海市的旅游购物场所主要集中在银海路及各旅游景点附近，如博鳌亚洲论坛国际会议中心景点附近的博鳌商业中心广场、博鳌景区购物中心，都是可以放心购物的好地方。